Sören Köhler

Wozu braucht man das?

Eine Untersuchung der Motivation im
berufsorientierten Mathematikunterricht

Diplomica Verlag

Köhler, Sören: Wozu braucht man das? Eine Untersuchung der Motivation im berufsorientierten Mathematikunterricht, Hamburg, Diplomica Verlag 2023

Buch-ISBN: 978-3-96146-942-0
PDF-eBook-ISBN: 978-3-96146-442-5
Druck/Herstellung: Diplomica Verlag, Hamburg, 2023
Covermotiv: © pexels.com

Bibliografische Information der Deutschen Nationalbibliothek:
Die Deutsche Nationalbibliothek verzeichnet diese Publikation in der Deutschen
Nationalbibliografie; detaillierte bibliografische Daten sind im Internet über
http://dnb.d-nb.de abrufbar.

© Diplomica Verlag, Imprint der Bedey & Thoms Media GmbH
Hermannstal 119k, 22119 Hamburg
http://www.diplomica-verlag.de, Hamburg 2023
Printed in Germany

Inhaltsverzeichnis

1. Einleitung

1.1 Hinführung zur Fragestellung

"Warum machen wir das?" Diese Frage haben vermutlich die meisten Lehrer*innen schon einmal gestellt bekommen. Es ist leicht, diese Frage einfach als spontanen, unreflektierten Ausdruck von Unmut oder Ablehnung dem momentanen Lerngegenstand über abzutun. Sicherlich werden einige Schüler*innen, die diese Frage stellen, in dem jeweiligen Moment auch tatsächlich keine tiefgreifendere Intention haben, als ihrer momentanen Unzufriedenheit Ausdruck zu verleihen. Allerdings wird der Frage in den meisten Fällen auch aufrichtige Neugier, Verwunderung oder vielleicht sogar Unverständnis bezüglich der Relevanz des aktuellen Lerngegenstands beiwohnen. Meiner persönlichen Erfahrung nach gelingt es Lehrer*innen nicht immer, den Lerngegenstand für die Schüler*innen ausreichend zu legitimieren. Das kann für Schüler*innen sehr unbefriedigend sein und die Einstellung dem Lerngegenstand oder dem gesamten Unterrichtsfach gegenüber negativ prägen. Auch die Motivation der Schüler*innen, am Unterricht teilzunehmen, kann durch eine unbefriedigende Antwort verringert werden.

Eine von vielen gängigen Möglichkeiten, auf die Frage „warum machen wir das?" zu antworten, ist auf die Relevanz des betreffenden Lerngegenstands für das spätere Berufsleben hinzuweisen. Über die Qualität dieser Antwort lässt sich allerdings streiten. Mit Sicherheit gibt es auch einige Ausbildungsberufe, die es Auszubildenden ermöglichen, der Mittelstufenmathematik im Berufsleben größtenteils aus dem Weg zu gehen. Vielleicht ist die berufliche Relevanz des Stoffes für einige Schüler*innen auch deswegen kein Grund, motiviert am Unterricht teilzunehmen, da etwaige Konsequenzen meist erst verzögert auftreten. Im Rahmen dieser Untersuchung wird die Funktion von Mathematikunterricht bei der Berufsvorbereitung und für die Berufsbildung untersucht. Es wird aufgezeigt, inwiefern Schüler*innen, Unternehmen und Bildungseinrichtungen diese Funktion unterschiedlich oder ähnlich bewerten. Basierend auf diesen Grundlagen soll erforscht werden, wie Mathematikunterricht berufspraxisorientiert gestaltet werden kann und ob dies dazu führt, dass Schüler*innen dem Unterricht motivierter folgen.

1.2 Eingrenzung der Fragestellung

Die ursprüngliche Ambition war es, im Rahmen dieser Untersuchung die Frage "Warum machen wir das?" beziehungsweise "Wofür braucht man das?" zu beantworten – also Antwortansätze zu analysieren und zu diskutieren. Dieser Anspruch erwies sich schnell als zu umfangreich und unüberschaubar, sodass nur auf *einen* Ansatz zur Legitimierung des mathematischen Curriculums im Rahmen dieser Untersuchung eingegangen wird.

Untersucht wird, inwiefern Berufspraxisorientierung die Motivation für den Mathematikunterricht erhöhen kann. Um diese Frage zu beantworten, ist es zunächst notwendig, die Begriffe *Berufspraxisorientierung* und *Motivation* präzise zu erfassen. Im Zusammenhang mit dem Begriff *Berufspraxisorientierung* muss zunächst in Erfahrung gebracht werden, welche mathematischen Anforderungen die berufliche Praxis für die Zukunft der Schüler*innen bereithält. In diesem Kontext soll untersucht werden, welche Inhalte und Kompetenzen die Unternehmen und Betriebe von den Auszubildenden erwarten – und im Kontrast dazu: welche Inhalte und Kompetenzen den Schüler*innen gemäß den Curricula bis zum Ende ihrer Schullaufbahn vermittelt werden sollen. Die diesbezüglichen Untersuchungen dienen als Grundlage, um beurteilen zu können, worauf Berufspraxisorientierung inhaltlich und kompetenzbezogen abzielen muss. Um motivationale Prozesse angemessen behandeln zu können, werden Entstehungs- und Einflussfaktoren herausgearbeitet. Außerdem werden im Hinblick auf die Untersuchung mit Schüler*innen Möglichkeiten und Instrumente zur Beobachtung beziehungsweise Identifizierung motivierten Handels thematisiert.

Aufbauend auf diesen Grundlagen wird im Bezug zur Fragestellung erarbeitet, an welchen Stellen im motivationalen Entstehungsprozess mit Hilfe verstärkter Berufsorientierung im Unterricht angesetzt werden kann. Der Nutzen, mögliche Nachteile und die praktische Umsetzbarkeit verschiedener Ansätze sollen aufgezeigt und diskutiert werden. Als zusätzlicher Anhaltspunkt, die theoretischen Überlegungen hinsichtlich der Praxistauglichkeit zu bewerten, dienen praktische Untersuchungen in der Jahrgangsstufe 9 einer Gesamtschule. Die Untersuchungen sollen auch Anlass zur Diskussion möglicher Handlungsempfehlungen sowie Chancen und Schwächen bezüglich der Integration berufspraxisorientierter Elemente in den Mathematikunterricht bieten.

1.3 Skizzieren des Vorgehens

Am Anfang stand die Beobachtung, dass Schüler*innen ihrem Frust über die fehlende Transparenz über den Sinn des Mathematikunterrichts Ausdruck verleihen. Daraus entwickelte sich die Forschungsfrage "Inwiefern kann Berufspraxisorientierung die Motivation für den Mathematikunterricht erhöhen?". Um experimentelle Befunde zu dieser Fragestellung zu erlangen, wurden Vertreter unterschiedlicher Betriebe, Firmen und Kleingewerbe in Interviews befragt, vor welche mathematischen Problemstellungen die in den Betrieben vertretenen Berufsgruppen im Arbeitsalltag gestellt werden. Basierend auf den in den Interviews gewonnenen Informationen wurde eine Unterrichtseinheit mit dem zugrunde liegenden Leitziel konzipiert, mathematische Herausforderungen aus dem Berufsleben möglichst authentisch an die Schüler*innen heranzutragen.

Mit Hilfe zweier Fragebögen wird vor der Durchführung der Stunde erfasst, welche Haltung die Schüler*innen gegenüber der Mathematik im Allgemeinen einnehmen und wie sie ihre eigene Motivation einschätzen. Mit dem zweiten Fragebogen wird dann nach der berufsbezogenen Unterrichtsstunde erfasst, ob sich die Motivation zur Teilnahme am Unterricht aufgrund der berufspraxisorientierten Aspekte (oder anderer Einflussfaktoren) verändert hat.

Auf Grundlage von Recherchearbeit in der Fachliteratur werden im schriftlichen Teil dieser Untersuchung zu der Forschungsfrage Hypothesen aufgestellt, die vor dem Hintergrund der Ergebnisse des praktischen Forschungsteils diskutiert werden. Des Weiteren wird das Vorgehen reflektiert, sowie auf genutzte oder verpasste Chancen eingegangen.

2. Die Bedeutung von Mathematikunterricht für Schüler*innen

2.1 Motivation des Kapitels

Ein wesentlicher Faktor für die Entstehung von Motivation ist die Gewissheit, dass auf eine *Bemühung* ein *erstrebenswertes Ergebnis* folgt.[1] Im Rahmen dieses Kapitels soll untersucht werden, welches *erstrebenswerte Ergebnis* das deutsche Bildungssystem für neun Jahre *Bemühung* im Mathematikunterricht vorsieht. Dieses *erstrebenswerte Ergebnis* besteht offensichtlich aus dem Besitz und Erwerb verschiedener Kompetenzen und Qualifikationen. Welche Kompetenzen und Qualifikationen dies im Einzelnen sind, wer diese festlegt und wie erfolgreich das deutsche Bildungssystem darin ist, ebendiese Kompetenzen und Qualifikationen zu vermitteln, wird in diesem Kapitel untersucht. Die vorgenommenen Betrachtungen sind wichtig, um vergleichen zu können, inwiefern sich die vermittelten mathematischen Kompetenzen und Qualifikationen mit den Anforderungen einer Berufsausbildung decken. Dies hat Implikationen für den Wert der dem Ergebnis, das durch Anstrengung im Mathematikunterricht hervorgebracht wird, zugeschrieben wird.

2.2 Funktionen des Mathematikunterrichts

Was macht einen Lerngegenstand so bedeutsam, dass dieser als gesetzlich verpflichtendes Unterrichtsfach fester Bestandteil der Erziehung aller Kinder und Jugendlichen wird? Welche Fächer in den deutschen Schulen verpflichtend unterrichtet werden, wird in Erlassen der Kultusminister-Konferenz (KMK) vorgegeben. Wie die einzelnen Fächer inhaltlich zu gestalten sind, wird ebenfalls durch die KMK vorgegeben und durch die Kultusministerien der Länder spezifiziert.[2] Im Hessischen Schulgesetz steht, dass die "Verbindliche Grundlage für den Unterricht [...] Pläne (Kerncurricula) [sind], die [...] Bildungsstandards [...] mit fachspezifischen Inhaltsfeldern [...] verknüpfen".[3] Rechtliche Grundlage für diese Kerncurricula wiederum sind die von der Kultusminister-Konferenz erlassenen Bildungsstandards. Für die folgenden Betrachtungen wird beispielhaft das Kerncurriculum des Landes Hessen (Mathematik, Hauptschule) herangezogen.

---

[1] Vgl. Rheinberg, 2012, S. 137
[2] Vgl. Sekretariat der Ständigen Konferenz der Kultusminister der Länder in der Bundesrepublik Deutschland, o. J. [letzter Abruf: 15.02.2022]
[3] § 4 Absatz 1 SchulG HE 2017

In den "Bildungsstandards im Fach Mathematik für den Hauptschulabschluss" wird der "Beitrag des Faches Mathematik zur Bildung" beschrieben. Dort heißt es, "Mathematikunterricht [trage] zur Bildung der Schülerinnen und Schüler bei, indem er ihnen [...] Grunderfahrungen ermöglicht"[4] – bei diesen handelt es sich im Wesentlichen um die Winterschen Grunderfahrungen: umweltliche Phänomene mit Hilfe der Mathematik erfassen und beurteilen; den Wert der mathematischen Symbolsprache für inner- und außermathematische Anwendungen kennenlernen; durch Anwendung von Mathematik allgemeine kognitive Fähigkeiten erlernen.[5] Welchen Beitrag Mathematikunterricht zur Allgemeinbildung leisten soll, wird ebenfalls in den Kerncurricula des Landes Hessen aufgegriffen. Auch hier wird auf die Winterschen Grunderfahrungen verwiesen, allerdings wird noch etwas konkreter betont, dass es Ziel des kompetenzorientierten Mathematikunterrichts sei, transferierbares und in Anwendungssituationen nutzbares Wissen zu vermitteln[6]. In einem späteren Abschnitt des Kerncurriculums wird nochmals auf das Ziel der flexiblen Anwendung innermathematischer Strategien hingewiesen.[7] Wie Lernende die Grunderfahrungen erleben und die zentralen Kompetenzen erwerben sollen, wird in den Kerncurricula durch die Schilderung der Kompetenzbereiche (allgemeine mathematische Kompetenzen[8]), die mathematischen Inhaltsfelder[9], die Beschreibung „unverzichtbarer Inhalte"[10] und eine differenziertere Darstellung der Kompetenzentwicklung[11] spezifiziert.

Aus den bislang herangezogenen Texten geht nicht im Wortlaut hervor, dass Berufsorientierung und Berufsvorbereitung essenzielle Funktionen des Mathematikunterrichts sind, jedoch ist ersichtlich, dass erklärte Ziele des Mathematikunterrichts wie „Mathematik als [...] nutzbringendes [...] Betätigungsfeld erleben"[12] oder „flexible Nutzung innermathematischer Strategien"[13] ebendieser Funktion nachkommen. Des Weiteren ist es laut dem Hessischen Schulgesetz übergreifende Aufgabe aller Fächer, ab der Sekundarstufe I „im Rahmen der Berufs- und Studienorientierung [...] auf die Berufswahl und künftige Berufsausbildung der Schülerinnen und Schüler [vorzu-bereiten]."[14] Wie dieser Anspruch konkret erfüllt werden soll, wird durch Rechtsver-

---

[4] Sekretariat der Ständigen Konferenz der Kultusminister der Länder in der Bundesrepublik Deutschland, 2004, S. 6
[5] Vgl. Winter, 1995, S. 37
[6] Vgl. Hessisches Kultusministerium, 2011, S. 5
[7] Vgl. ebd., S. 11
[8] Vgl. ebd., S, 12-13
[9] Vgl. ebd., S. 14-15
[10] Vgl. ebd. S. 25-28
[11] Vgl. ebd. S. 29-31
[12] Sekretariat der Ständigen Konferenz der Kultusminister der Länder in der Bundesrepublik Deutschland, 2004, S. 6
[13] Vgl. Hessisches Kultusministerium, 2011, S. 11
[14] § 5 Absatz 2 SchulG HE 2017

ordnungen wie etwa der *Verordnung für Berufliche Orientierung in Schulen* (VOBO) (2018) bestimmt. Dort heißt es explizit, es sei fächerübergreifende Aufgabe der Schule, die Schüler*innen u.a. auf die Berufsausbildung vorzubereiten und sie im Zuge dessen dazu zu befähigen, die an sie nach ihrer Schullaufbahn gestellten Anforderungen bewältigen zu können.[15] In ebendieser Rechtsverordnung wird außerdem festgehalten, dass das exemplarische Erkunden verschiedener Berufsbilder sowie die Durchführung und Reflexion von Betriebsbesichtigungen, -kennlerntagen und dergleichen in die Unterrichtsplanung mitaufgenommen werden müssen.[16]

2.3 Die Effektivität von Mathematikunterricht

Wird Mathematikunterricht in Deutschland den in den Bildungsstandards und in den Kerncurricula formulierten Ansprüchen gerecht? Eine komplexe Beantwortung dieser Frage wird und kann im Rahmen dieser Untersuchung nicht geleistet werden. Die Thematik wird dennoch in einem gewissen Ausmaß beleuchtet, um zum einen die im vorherigen Abschnitt geschilderten Ziele des Mathematikunterrichts im Kontext der bildungspolitischen Realität betrachten zu können. Zum anderen zeichnet sich im Laufe dieses Abschnitts eine Diskrepanz zwischen Soll- und Ist-Zustand des kompetenzbezogenen Entwicklungsstandes von Schüler*innen am Übergang von der schulischen in die berufliche Ausbildung ab, die als Grundlage für spätere Ausführungen dienen wird.

2.3.1 Die PISA-Studie

Um nun eine Aussage über die Effektivität deutschen Mathematikunterrichts treffen zu können, wird zunächst die PISA-Studienreihe herangezogen – insbesondere die Studie aus dem Jahr 2012. Das *Programme for International Student Assessment* (PISA) ist eine Studienreihe der *Organisation for Economic Co-operation and Development* (OECD), bei der im Abstand von drei Jahren die Lesekompetenz, die mathematischen Kompetenzen und die naturwissenschaftlichen Kompetenzen der 15- bis 16-jährigen Schüler*innen aus den entsprechenden Teilnehmerstaaten erfasst, verglichen und analysiert werden.[17] Dabei macht bei jeder Studie in einem 9-jährigen Zyklus ein anderer Fachbereich den Untersuchungsschwerpunkt der Studie aus. Zum Zeitpunkt der Anfertigung dieses Buches war Mathematik zuletzt 2012 Forschungsschwerpunkt der

---

[15] Vgl. § 1 Absatz 1 VOBO 2018
[16] Vgl. § 5 Absatz 1, Satz 3, 9 VOBO 2018
[17] Vgl. Technische Universität München, o. J.a [letzter Abruf: 15.02.2022]

PISA-Studie, weswegen dieser Studie hier besondere Beachtung geschenkt wird.[18] PISA wird im Rahmen dieser Untersuchung vor allem auch deswegen betrachtet, da mitunter die schlechten Ergebnisse bei internationalen Schulvergleichsstudien (u.a. PISA) um 2000 Auslöser für die bildungspolitischen Entwicklungen waren, aus denen letztendlich die aktuell rechtskräftigen Bildungsstandards hervorgingen.[19]

Zunächst wird kurz darauf eingegangen, inwiefern die PISA-Studie ein aussagekräftiges Instrument ist, um die Effektivität von Mathematikunterricht zu beurteilen. In den PISA-Ergebnisberichten der OECD wird geschildert, welche mathematischen Kompetenzen erfasst und welche mathematischen Inhaltsfelder behandelt wurden. Hierbei gibt es eine sehr große Übereinstimmung mit dem in den Bildungsstandards formulierten all-gemeinen mathematischen Kompetenzen und inhaltsbezogenen Kompetenzen. In der folgenden Tabelle werden den in PISA abgefragten Kompetenzen und Inhalten die jeweils äquivalente Formulierung aus den Bildungsstandards zugeordnet.

---

[18] Vgl. Technische Universität München, o. J.b [letzter Abruf: 15.02.2022]
[19] Vgl. Institut zur Qualitätsentwicklung im Bildungswesen Humboldt-Universität zu Berlin, o. J. [letzter Abruf: 15.02.2022]

Tabelle 1: Vergleich der zugrundeliegenden mathematischen Kompetenzen von PISA und KMK

Aspects of mathematics proficiency according to the definition applied in PISA 2012[20]	Allgemeine mathematische Kompetenzen gemäß Bildungsstandards[21]
formulating situations mathematically	Mathematische Darstellungen verwenden
	- verschiedene Formen der Darstellung von [...] Situationen anwenden [...]
	Mathematisch Modellieren
	- Bereiche oder Situationen, die modelliert werden sollen, in mathematische Begriffe, Strukturen und Relationen übersetzen
employing mathematical concepts, facts, procedures and reasoning	Mit symbolischen, formalen und technischen Elementen der Mathematik umgehen
	- mit Variablen, Termen, Gleichungen, Funktionen, Diagrammen, Tabellen arbeiten,
	Probleme mathematisch lösen
	- geeignete heuristische Hilfsmittel, Strategien und Prinzipien zum Problemlösen auswählen und anwende
	Mathematisch argumentieren
	- mathematische Argumentationen entwickeln [...]
Interpreting, applying and evaluating mathematical outcomes	Kommunizieren
	– Äußerungen von anderen und Texte zu mathematischen Inhalten verstehen und überprüfen
	Modellieren
	- Ergebnisse in dem entsprechenden Bereich oder der entsprechenden Situation interpretieren und prüfen
Contents covered in PISA 2012	**Inhaltsbezogene Kompetenzfelder (Leitideen) (Hauptschule) gemäß Bildungsstandards**
quantity	Zahl
space and shape	Raum und Form
change and relationships	Funktionaler Zusammenhang
uncertainty and data	Daten und Zufall

Die große Ähnlichkeit ist natürlich kein Zufall, da sich bei der Konzeption der Bildungsstandards wie bereits erwähnt stark an den Maßstäben internationaler Vergleichsstudien wie PISA orientiert wurde. Die in Tabelle 1 aufgeführten Daten geben Grund zur Annahme, dass PISA größtenteils deckungsgleiche Kompetenzen erfasst, wie sie laut KMK bzw. laut den Kultusministerien im Mathematikunterricht vermittelt werden sollen.

---

[20] Die Begriffe und Formulierungen dieser Tabellenspalte sind folgender Quelle entnommen worden: OECD, 2014, S. 28
[21] Die Begriffe und Formulierungen dieser Tabellenspalte sind folgender Quelle entnommen worden: Sekretariat der Ständigen Konferenz der Kultusminister der Länder in der Bundesrepublik Deutschland, 2004, S. 7-9

Auf der Seite der Technischen Universität München, die seit 2012 mit dem nationalen Projektmanagement für die PISA-Studie in Deutschland beauftragt ist[22], ist eine Auswahl an Prüfungsaufgaben aus dem PISA-Test von 2012 öffentlich zugänglich. Der Vergleich dieser Aufgaben mit der Hauptschulabschlussprüfung des Landes Hessen aus dem Jahr 2012 zeigt ebenfalls einige Gemeinsamkeiten, aber auch Unterschiede. Exemplarisch soll die Aufgabe „Bergsteigen am Mount Fuji"[23] (Siehe Abb. 42, Anhang S. 80) mit der Aufgabe „W3" aus der Hauptschulabschlussprüfung des Landes Hessen 2012[24] (Siehe Abb. 43, Anhang S. 81) verglichen werden.

Eine Gemeinsamkeit der Aufgaben ist, dass die Aufgabentexte eine hohe Informationsdichte haben. Die Sätze sind jedoch eher einfach strukturiert und beinhalten oftmals nur *eine* wichtige Information. Die eigentlichen zu erbringenden Rechen- bzw. Denkleistungen sind bei beiden Aufgaben eher elementar, es muss sich allerdings sorgfältig mit dem Text auseinandergesetzt werden. Bei beiden Aufgaben spielt außerdem der Umgang mit alltagsrelevanten Einheiten (m, cm, Tage) eine Rolle. Unterschiede bestehen dahingehend, dass bei der Hauptschulaufgabe alle wichtigen Daten in einem kompakten Informationstext enthalten sind und die Aufgaben sehr kurze, präzise Arbeitsanweisungen enthalten. Bei der PISA-Aufgabe sind Informations- und Aufgabentext nicht voneinander getrennt, was den Text anspruchsvoller macht. In den PISA-Aufgaben wird sich generell einer im Vergleich zur Hauptschulprüfung anspruchsvolleren Sprache bedient, wie der folgende Auszug verdeutlicht: „Toshi schätzt, dass er den Berg mit durchschnittlich 1,5 Kilometern pro Stunde hinaufsteigen kann und mit der doppelten Geschwindigkeit absteigen kann. Diese Geschwindigkeiten berücksichtigen Essens- und Ruhepausen."[25] Im Rahmen der Hauptschulabschlussprüfung müssen die Schüler*innen außerdem nur zwei Aufgaben vom Typ der Aufgabe „W3" bearbeiten; die Pflichtaufgaben sind im Allgemeinen einfacher und erfordern weniger Textverständnis[26]. Die Auswahl der PISA-Aufgaben auf der Seite der TU München lässt hingegen darauf schließen, dass die meisten PISA-Aufgaben ähnlich komplex sind, wie die Aufgabe „Bergsteigen am Mount Fuji".

Insgesamt kann davon ausgegangen werden, dass PISA das testet, was an deutschen Schulen gelehrt wird. Allerdings ist der Stil der Aufgaben, insbesondere bezüglich des Einsatzes von Fachsprache und langen Aufgabentexten vermutlich etwas anders, als in

---

[22] Vgl. Technische Universität München, o. J.a [letzter Abruf: 15.02.2022]
[23] Vgl. Technische Universität München, o. J.c, S. 37-39 [letzter Abruf: 15.02.2022]
[24] Vgl. Stark, 2014, S. M 2012 7-8
[25] Technische Universität München, o. J.c, S. 39 [letzter Abruf: 15.02.2022]
[26] Vgl. Stark, 2014, S. M 2012 4-6

den meisten deutschen Prüfungen und Klassenarbeiten. Um den Kompetenzstand der Neuntklässler*innen in Bezug auf die Ziele und Standards der KMK zu bewerten, kann PISA also durchaus herangezogen werden, ein perfektes Messinstrument ist PISA dahingehend allerdings nicht.

2012 erzielte Deutschland in Mathematik mit 514 Punkten das 16.-beste Ergebnis von 65 teilnehmenden Ländern.[27] Außerdem hatte Deutschland von den 65 teilnehmenden Ländern bezüglich der Ergebnisse aus dem Mathematikbereich des Tests seit 2003 den 23.-stärksten Leistungszuwachs, bemessen an den durchschnittlichen Schüler-leistungen[28] - und das obwohl Deutschland schon 2003 leicht über der durchschnittlichen Punktzahl aller Teilnehmer lag.[29] Des Weiteren gelang es Deutschland zwischen 2003 und 2012 bei jeder neuen Studie, den Anteil signifikant schlecht abschneidender Schüler*innen zu verringern und den Anteil signifikant stark abschneidender Schüler*innen zu erhöhen – mit Ausnahme eines leichten Rückgangs der signifikant stark abschneidenden Schüler*innen von 2009 auf 2012 um etwa 2%.[30] Die Bundesregierung war mit dieser Entwicklung äußerst zufrieden. So kommentierte beispielsweise Albert Rupprecht, Bundestagsabgeordneter der CDU/CSU und Mitglied im Ausschuss für Bildung, Forschung und Technikfolgenabschätzungen, die PISA-Entwicklungen bis 2012 in der Bundestagssitzung vom 16.01.2014 wie folgt:

„Und wenn man vergleicht [...]: Wo sind wir 2000 gestartet – PISA-Bericht 2000, wo wir in allen Bereichen damals unter dem OECD-Schnitt gelegen sind und jetzt erleben, dass aus dem damaligen PISA-Schock in der Tat ein PISA-Erfolg geworden ist, dann kann man in der Tat nur froh sein, dass wir im Jahr 2014 sagen können, dass die deutschen Schulen wieder vorne mit dabei sind."[31]

In der jüngsten PISA-Studie aus dem Jahr 2018 ist allerdings wieder ein rückläufiger Trend zu erkennen. Deutschland liegt im Bereich Mathematik nach wie vor über dem Durchschnitt. Der Anteil signifikant schwacher Schüler*innen ist überdurchschnittlich klein und der Anteil signifikant starker Schüler*innen überdurchschnittlich groß. Jedoch haben sich diese Kenngrößen im Vergleich zu 2012 deutlich verschlechtert und liegen jeweils nur knapp im überdurchschnittlich guten Bereich.[32]

---

[27] Vgl. OECD, 2014, S. 19
[28] Vgl. OECD, 2014, S. 52
[29] Vgl. OECD, 2014, S. 58
[30] Vgl. OECD, 2014, S. 303
[31] Rupprecht, A., 2014
[32] Vgl. OECD, 2019, S. 59-60, 212

Zuletzt wird noch kurz darauf eingegangen, in welchen Bereichen Kritik an den PISA-Studien besteht. „PISA zufolge PISA" ist eine Sammlung multinationaler Beiträge, die einige potenziell problematische Aspekte der PISA-Studie thematisieren. Ein häufiger Kritikpunkt, auf den mehrere Autoren unabhängig voneinander hinweisen, ist, dass die mathematischen Aufgaben sehr viel Textverständnis abverlangen. Oft begegneten den Schüler*innen sprachliche Hürden bevor mathematische Inhalte oder Konzepte überhaupt erst zur Sprache kommen.[33] „The strong correlation [...] between individual results in reading literacy and mathematcal literacy (r = 0.77) perfectly illustrates this point"[34], schreibt Bodin zu diesem Sachverhalt.

Außerdem wurde festgestellt, dass für einige Teilnehmerländer durch die Verwendung längerer und weniger geläufiger Wörter in den Aufgabenstellungen Nachteile entstehen. Deutschsprachige Länder erfahren gegenüber englischsprachigen Ländern einen solchen Nachteil, wie eine Untersuchung der Testitems ergab.[35] Ein weiterer wichtiger Kritikpunkt, den Meyerhöfer in seinem Beitrag thematisiert, ist dass die intensive Auseinandersetzung mit den Problemstellungen und das mathematische Erarbeiten oder Begründen einer Lösung tendenziell *bestraft* wird. Da einige Fragen im Multiple-Choice-Format oder ähnlich geschlossenen Aufgabenformaten formuliert sind, ist es oft zeiteffizienter, intuitive, geschätzte oder (ggf.) an der Skizze abgemessene Lösungen anzugeben, als die Lösung formal herzuleiten.[36] Da viele Schüler*innen durch den Mathematikunterricht darauf konditioniert seien, stets vollständige Lösungswege anzu-geben, entstünden so Nachteile.[37] Zuletzt wird bemängelt, dass PISA weniger mathe-matische Kompetenzen oder Fähigkeiten misst, sondern viel mehr die inhaltliche Nähe der Curricula der Teilnehmerstaaten zu den Standards der OECD.[38]

2.3.2 Unternehmensbefragungen zur Qualifikation von Schulabgängern

Inwiefern Mathematikunterricht den von der KMK festgelegten Ansprüchen nachkommt, soll noch anhand einer anderen Studie untersucht werden. In dem Beitrag „Was ist Grundbildung? Schulische Anforderungen an die Ausbildungsreife", der 2013 in einer Spezialausgabe des Onlinemagazins „bwp@" (Berufs- und Wirtschaftspädagogik online) erschien, gehen die Autoren – zwei Vertreter des Instituts der deutschen

---

[33] Vgl. u.a. Bodin, 2005 zitiert nach Hopmann; Brinek; Retzl, 2007, S. 31 oder vgl. Puchhammer, o. J. zitiert nach Hopmann Et al., 2007, S. 127 f
[34] Bodin, 2005 zitiert nach Hopmann Et al., 2007, S. 31
[35] Vgl. Puchhammer, o. J. zitiert nach Hopmann Et al., 2007, S. 133 ff
[36] Vgl. Meyerhöfer, 2006 zitiert nach Hopmann Et al., 2007, S. 82 ff
[37] Vgl. Ebd.
[38] Vgl. Uljens, 2007 zitiert nach Hopmann Et al., 2007, S. 299

Wirtschaft Köln (IW Köln) – der These nach, „dass das deutsche Bildungssystem [seiner] Qualifikationsfunktion [bzgl. der Befähigung zur Bewältigung späterer Lebenssituationen] nicht genügend gerecht wird."[39] Die in dem Bericht aufgeführten Befunde, Daten und Schlussfolgerungen stützen sich weitgehend auf bundesweite durch das IW Köln durchgeführte Unternehmensbefragungen, aber auch teilweise auf Untersuchungen der deutschen Industrie- und Handelskammer.

Einer der zentralen Befunde des Beitrags lautet, dass „in einer Ende 2010 durchgeführten repräsentativen Online-Unternehmensbefragung des IW Köln […] neun von zehn [ausbildungsaktive] Unternehmen bei der Auswahl von Auszubildenden zum Teil gravierende Defizite der Grundbildung [feststellten]."[40] Als hauptsächliche mathematikbezogene Problemfelder der Auszubildenden wurde von 78% der befragten Unternehmen „Dreisatz und Prozentrechnung", von 71% „Grundrechenarten" und von 70% „Bruchrechnen" angegeben.[41] Laut dem Bericht, legen die befragten Unternehmen in den Einstellungsverfahren großen Wert auf ebendiese Inhalts- beziehungsweise Kompetenzfelder – diesbezüglich verlasse sich die Mehrheit der Betriebe nicht auf die Aussagekraft der Schulzeugnisse.[42]

Bei einer weiteren in dem Beitrag angeführten Umfrage, an der 911 ausbildende Unternehmen teilnahmen, wurde erfragt, welche Kompetenzen (unter anderem mathematische Kompetenzen) die Unternehmen bei Schulabsolventen für unverzichtbar halten. Die Antworten wurden in der Studie kategorisiert und die Autoren kamen zu dem Schluss, dass „die von den Unternehmen erwarteten Grundbildungskompetenzen nahezu identisch […] mit den in sämtlichen Lehrplänen angegebenen elementaren schulischen Bildungsinhalten [sind]."[43] Sofern dieser Befund der Autoren korrekt ist, wären die beobachteten Defizite bei den Auszubildenden also durchaus auf ein Versagen des Bildungssystems bei der Vermittlung mathematischer Kompetenzen zurückzuführen. Die Aussage, die Kompetenzerwartungen der Unternehmen seien mit denen der Bildungsstandards und Kerncurricula nahezu identisch, erscheint angesichts dessen, dass andere Quellen vom gegenteiligen Sachverhalt ausgehen allerdings fragwürdig. In einem 2021 im Journal für Mathematik-Didaktik publizierten Artikel heißt es beispielsweise, es sei wenig erforscht, zu welchem Ausmaß in der Schule erworbene Kompetenzen in der Berufsausbildung zum Tragen kommen. Des Weiteren heißt es, die

---

[39] Klein; Schöffer-Grabe, 2013, S. 1
[40] Klein; Et al., 2013, S. 4
[41] Vgl. Klein; Et al., 2013, S. 5
[42] Vgl. Klein; Et al., 2013 S. 7 f.
[43] Klein; Schöffer-Grabe, 2013, S. 9

Forschung auf diesem Gebiet würde dadurch erschwert, dass Schulen und Unternehmen „grundsätzlich verschiedene und nicht unmittelbar anschlussfähige Kompetenzbegriffe nutzen.[44]

Unter den bislang angeführten Quellen herrscht also keine Einigkeit darüber, ob die Kompetenzerwartungen der Unternehmen tatsächlich mit den in der Schulausbildung zu erwerbenden Kompetenzen übereinstimmen. Es ist dennoch ersichtlich, dass Schulabgänger*innen die aus den Unternehmensbefragungen zusammengetragenen Problemfelder wie Prozentrechnung, Dreisatz, etc. laut den Bildungsstandards beherrschen sollten. Die Häufigkeit, mit der Unternehmen angaben, Defizite in den entsprechenden Feldern beobachtet zu haben, spricht also dafür, dass die Ziele des Mathematikunterrichts zumindest in den besagten Bereichen bei einem beträchtlichen Anteil der Schüler*innen verfehlt werden. Hierbei sollte angemerkt werden, dass die Ergebnisse der Unternehmensbefragungen keine Informationen über den Teil der Schülerschaft liefern, die nach ihrer Schulausbildung eine akademische Laufbahn ergreifen.

Zuletzt soll noch auf einige Aspekte eingegangen werden, die hinsichtlich der Bewertung der Neutralität des Instituts der deutschen Wirtschaft und dessen Studien relevant sind. Das Institut der deutschen Wirtschaft wird durch die Beiträge der Mitgliedsverbände und Mitgliedsunternehmen finanziert[45]. Ein Trägerverein des Instituts ist die Bundesvereinigung der Deutschen Arbeitgeberverbände.[46] Des Weiteren steht das Institut der deutschen Wirtschaft in Zusammenarbeit mit der Organisation *Initiative Neue Soziale Marktwirtschaft* (INSM). Bei dieser Organisation handelt es sich mutmaßlich um eine Lobby-Organisation, die durch Arbeitgeberverbände der Metall- und Elektroindustrie finanziert wird. Die INSM adressiert ihre Klassifizierung als Lobby-Organisation auf ihrer Internetseite, hält sich hierbei allerdings sehr vage und nimmt keine klare Position ein.[47]
Laut Vorwürfen der IG Metall gegen das Institut der deutschen Wirtschaft, bestünden dessen Ambitionen vor allem darin, „die öffentliche Meinung, den politischen Diskurs und letztlich die politischen Entscheidungen im Sinne der Arbeitgeber- und Wirtschaftsverbände zu steuern.[48]

---

[44] Von Hering; Rietenberg; Heinze; Lindmeier, 2021, S. 1
[45] Vgl. Institut der deutschen Wirtschaft Köln, o. J. [letzter Abruf: 16.02.2022]
[46] Vgl. Institut der deutschen Wirtschaft Köln, o. J. [letzter Abruf: 16.02.2022]
[47] Vgl. Initiative Neue Soziale Marktwirtschaft, o. J. [letzter Abruf: 16.02.2022]
[48] IG Metall, o. J. [letzter Abruf: 16.02.2022]

2.4 Zusammenfassung

Schüler*innen sollen am Ende der 9. Jahrgangsstufe in der Lage sein, mit Hilfe mathematischer Konzepte und Arbeitsweisen Probleme zu lösen und lebensweltliche Situationen mathematisch abzubilden. Die erworbenen Kompetenzen und das erworbene Wissen über mathematische Inhalte sollen vielseitig anwendungsfähig sein und dadurch auf das Leben nach der Schulausbildung vorbereiten – insbesondere soll die Ausbildungsreife erlangt werden. Ob das deutsche Bildungssystem den eigenen Ansprüchen gerecht wird, kann nicht pauschal bestätigt oder widerlegt werden. Die zeitliche Entwicklung der PISA-Ergebnisse seit 2000 legt nahe, dass das deutsche Bildungssystem durchaus erfolgreich ist. Die Studien des IW kommen hingegen zu dem Befund, dass in Deutschland einige Schüler*innen die für eine Berufsausbildung nötigen Qualifikationen am Ende der Schulzeit nicht besitzen. In Kombination lassen die PISA-Studien und die aufgeführten Unternehmensbefragungen vermuten, dass die Schüler*innen zwar mathematisches Wissen erwerben, und dieses durchaus auch in neuen theoretischen Kontexten anwenden können, jedoch nicht die Kompetenz besitzen, ihr Wissen in praktischen Situationen anzuwenden. Wenn Schüler*innen daran zweifeln müssen, ob der nach 9 Jahren Bemühungen in Aussicht gestellte Zielzustand überhaupt den versprochenen Nutzen der Ausbildungsreife bringt, kann sich dies auf die Motivation besagter Schüler*innen auswirken. Wie genau Motivation entsteht und welchen Einflussfaktoren sie unterliegt, wird im folgenden Kapitel betrachtet.

3. Motivation

3.1 Motivation des Kapitels

Warum befasst sich diese Untersuchung damit, wie man die Motivation von Schüler*innen verbessern kann? Die Aufgabe einer Lehrkraft ist es, dafür Verantwortung zu tragen, dass die Schüler*innen zu gegebener Zeit die vorgesehenen Kompetenzen und Qualifikationen besitzen. Lehrkräfte begleiten und unterstützen die Schüler*innen auf dem Weg zu diesem Ziel, die Arbeit an sich müssen die Schüler*innen aber selbst leisten, denn anders kann Kompetenzerwerb nicht stattfinden.[49] Da Motivation in entscheidendem Ausmaß dazu beiträgt, wie effektiv Individuen arbeiten und wie viel Erfolg sie beim Erreichen ihrer Ziele haben, ist es nur logisch, sich damit zu befassen, wie Motivation gefördert werden kann. Dass mehr Motivation zu mehr Leistung, mehr Erfolg und insbesondere mehr Lernerfolg führt, ist ausführlich erforscht. Zu diesem Schluss kommt beispielsweise eine OECD-Studie aus dem Jahr 2003.[50]

3.2 Theoretische Grundlagen

Für die in dieser Untersuchung vorgenommenen Betrachtungen und Untersuchungen motivationaler Prozesse sollen das Grundmodell der klassischen Motivationspsychologie und das Erweiterte Kognitive Motivationsmodell nach Heckhausen und Rheinberg als theoretische Grundlage dienen.

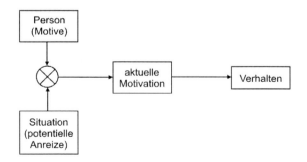

Abbildung 1: Grundmodell der klassischen Motivationspsychologie[51]

---

[49] Vgl. KMK, 2000, S. 2
[50] Vgl. Artelt; Baumert; Julius-McElvany; Peschar, 2003, S. 70 [letzter Abruf: 16.02.2022]
[51] Eigene Darstellung in Anlehnung an: Rheinberg; Vollmeyer, 2012, S. 70

Nach dem Grundmodell der klassischen Motivationspsychologie entsteht Motivation durch Wechselwirkung personenbezogener Grundgegebenheiten mit situativen Anreizen. Jede Person hat bestimmte Motive in unterschiedlicher Ausprägung inne. Durch die Ausprägung der Motive einer Person ist festgelegt, für wie erstrebenswert oder persönlich wichtig bestimmte situative Anreize empfunden werden.[52] Dies soll kurz anhand eines Beispiels erläutert werden: Ein gut untersuchtes und mit einem eigenen Namen versehenes Motiv ist das Leistungsmotiv. Personen mit einem stark aus-geprägten Leistungsmotiv legen großen Wert darauf, sich selbst als leistungsfähig oder kompetent zu erleben – das Messen oder die Bepunktung der eigenen Leistung spielt hier oft eine große Rolle.[53] Für eine Schüler*in mit ausgeprägtem Leistungsmotiv wird es unter Ausblendung anderer Einflussfaktoren wichtiger sein, die Note der letzten Klassenarbeit zu halten oder zu verbessern, als für eine Schüler*in, bei der dieses Motiv nicht sehr stark ausgeprägt ist, obwohl die Situation für beide Schüler*innen objektiv gleich ist.

Erlebt eine Person nun eine Situation, in der ihr die Möglichkeit in Aussicht gestellt wird, ein entsprechend ihrer Motive bedeutsames Ziel zu erreichen, kann bei dieser Person Motivation entstehen. Motivation kann beschrieben werden als die „[aktivierende] Ausrichtung des momentanen Lebensvollzugs auf einen positiv bewerteten Ziel-zustand"[54] hin. Wie auch aus dem Schaubild (Abb. 1) hervorgeht, zeigt die Person im Zuge ihrer Motivation ein bestimmtes Verhalten oder ändert ihr Verhalten.

Mit dem erweiterten kognitiven Motivationsmodell nach Heckhausen und Rheinberg lässt sich genauer betrachteten, wann auf eine Situation mit motiviertem Verhalten reagiert wird und welche Störfaktoren dazu führen können, dass motiviertes Verhalten eventuell ausbleibt.

---

[52] Vgl. Rheinberg; Vollmeyer 2012, S. 62
[53] Vgl. Ebd., S. 60 ff
[54] Ebd., S. 15

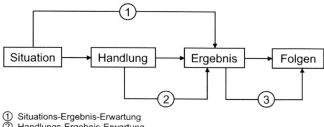

Abbildung 2: Das Erweiterte Kognitive Motivationsmodell nach Heckhausen und Rheinberg[55]

Dem Modell zufolge wird auf eine Situation mit einer motivierten Handlung reagiert, wenn durch diese ein Ergebnis herbeigeführt werden kann, das positiv empfundene Folgen nach sich zieht. Dieser Prozess kann in besonderem Maße an drei Stellen begünstigt oder gehemmt werden. Die Situations-Ergebnis-Erwartung (1) beschreibt, inwiefern davon auszugehen ist, dass ein Ergebnis inklusive der gewünschten Folgen auch ohne eigenes Zutun, also ohne Handlung eintreten wird. Ist die Situations-Ergebniserwartung hoch, wird der Motivationsprozess gehemmt und motiviertes Verhalten bleibt aufgrund der anzunehmenden Redundanz der eigenen Anstrengung aus. Mit der Handlungs-Ergebnis-Erwartung (2) ist gemeint, inwieweit sich eine Person in der Lage sieht, mit ihrem Handeln überhaupt das Ergebnis herbeiführen zu können, welches die positiven Konsequenzen verspricht. Sieht sich eine Person hierzu nicht in der Lage, also ist die Handlungs-Ergebnis-Erwartung niedrig, bleibt motiviertes Verhalten auf Grund dessen mutmaßlicher Vergeblichkeit aus. Die Ergebnis-Folge-Erwartung (3) beschreibt zuletzt, für wie sicher es befunden wird, dass das durch Handlung herbeigeführte Ergebnis auch die gewünschten Folgen nach sich zieht. Ist eine Schüler*in beispielsweise der Überzeugung, die in der Schule erworbenen mathematischen Kompetenzen seien für den Beruf nicht relevant, ist die Ergebnis-Folge-Erwartung niedrig und die Motivation wird geschwächt.[56]

Die beiden geschilderten Modelle ergänzen sich gegenseitig. Beide haben die Absicht, Faktoren für die Entstehung motivierten Verhaltens kenntlich zu machen und mit anderen prozessrelevanten Größen in Beziehung zu setzen. Das Grundmodell der

---

[55] Eigene Darstellung in Anlehnung an: Heckhausen; Rheinberg, 1980 zitiert nach Rheinberg Et al., 2012, S. 132
[56] Vgl. Rheinberg Et al., 2012, S. 131 ff

klassischen Motivationspsychologie kann insofern in das erweiterte kognitive Motivationsmodell integriert werden, als dass es einen weiteren Erklärungsansatz dafür liefert, warum Personen durch die gleiche Situation und die gleichen in aussichtgestellten Folgen mit unterschiedlich stark motiviertem Handeln reagieren: nämlich deswegen, weil die in Aussicht gestellten Folgen die Motive der jeweiligen Personen unterschiedlich stark ansprechen.

Zuletzt ist an dieser Stelle noch ein Umstand anzuführen, aus dem heraus motiviertes Verhalten entstehen kann, der aus den beiden Modellen nicht hervorgeht. Handlungen können auch einen Eigenanreiz besitzen, also einfach deshalb motiviert „ausgeführt [werden], weil man ihren Vollzug genießt".[57] Sport zu treiben oder Spielen fallen oftmals in diese Handlungskategorie. Bezogen auf das erweiterte kognitive Motivationsmodell heißt das, dass eine Handlung mit ausreichendem Eigenanreiz kein bestimmtes Ergebnis hervorbringen und auch keine positiven Folgen nach sich ziehen muss, um motiviert ausgeführt zu werden.[58] Für den Unterschied zwischen Handlungen, die durch Eigenanreiz und Handlungen, die durch ihre potenziellen Folgen attraktiv erscheinen, gibt es unterschiedliche Bezeichnungen. Bezüglich dieses Sachverhalts gibt es unter anderem deshalb so viele verschiedene Konzepte, da sich *Eigenanreiz* und *Fremdanreiz* nicht gegenseitig ausschließen, sondern sich im Gegenteil oft ergänzen und wechselseitig beeinflussen. Ein häufig verwendetes Begriffspaar, das den Sachverhalt beschreibt, besteht aus den Begriffen der *intrinsischen* und *extrinsischen* Motivation. Die Präzision dieser Begriffe leidet jedoch darunter, dass sie je nach Autor und Quelle teils unterschiedlich definiert werden.[59]

3.3 Berufspraxisorientierung als Ansatz zur Motivationssteigerung im Unterricht

Um Schüler*innen zu motivieren, am Unterrichtsgeschehen teilzunehmen, gibt es zahlreiche Möglichkeiten. Es gibt ganze Bücher mit Sammlungen motivierender Unterrichtseinstiege und Literatur mit Tipps zu motivierender Unterrichtsführung und motivationsförderndem Lehrerverhalten. Im Rahmen dieser Untersuchung soll der Fokus nur auf motivationsfördernde Maßnahmen gelegt werden, die allein mit inhaltlicher Anpassung des Unterrichts bzw. Anpassung des Kontexts, in dem die Lerngegenstände behandelt werden, umsetzbar sind. Methodische Anpassung des Unterrichts, die

---

[57] Ebd., S. 141
[58] Vgl. Ebd., S. 140 f
[59] Vgl. Ebd., S. 149 f

Applikation verschiedener Bezugsnormen bei der Leistungsbewertung, Anpassung der Sozialformen oder des Lehrerverhaltens sind allesamt denkbare Zugänge, um die Motivation im Unterricht zu verbessern. Da die eben aufgelisteten Maßnahmen jedoch ungeachtet der kontextualen Einbettung der Lerngegenstände eingesetzt werden können, werden diese bei weiteren Betrachtungen zwar nicht ignoriert, sie sollen allerdings nicht den Kern der Untersuchungen ausmachen. Inwiefern kann nun also Berufspraxisorientierung – also die Einbettung von Lerngegenständen in einen realistischen, beruflichen Kontext – Einfluss auf den Prozess der Motivationsbildung nehmen? Dieser Teil der Untersuchung entspricht bezüglich der Analogie zum wissenschaftlichen Erkenntnisgang der Hypothesenbildung.

Zech stellt in dem Lehrbuch „Grundkurs Mathematikdidaktik" – ohne dabei Anspruch auf Vollständigkeit oder Unstrittigkeit zu erheben – eine Liste von Motiven auf, die im Mathematikunterricht in besonderem Ausmaß angesprochen werden können.[60] Als eines dieser Motive nennt Zech das „Lebenszweckmotiv"[61]. eine Person mit ausgeprägtem Lebenszweckmotiv ist in besonderem Maße dann zu motivierten Handlungen zu bewegen, wenn sich in einer Situation die Gelegenheit bietet, für die Bewältigung des eigenen Lebensvollzugs relevante Informationen oder Fähigkeiten zu erlangen. Um Mathematikunterricht diesen Anreiz zu verleihen, müsse „deutlich gemacht [werden], für was ein mathematischer Inhalt im Leben gut ist, wo man ihn braucht, was man damit anfangen kann".[62] Genau hier bieten berufsbezogene Aufgaben eine Chance, Schüler*innen zu motivieren. Entscheidend ist allerdings, dass die Aufgaben authentisch sind. Erscheint der berufspraktische Kontext hierbei zu *aufgesetzt*, *vereinfacht* oder *abstrakt*, kann die lebensweltliche Relevanz des Lerngegenstands angezweifelt werden.[63] Schwierigkeiten und Herausforderungen bei diesem Ansatz zur Motivierung könnten darin liegen, dass Schüler*innen trotz glaubhafter berufspraktischer Relevanz eines Themas, dieses dennoch als nicht persönlich relevant erachten, da sie kein Interesse an dem herangezogenen Berufsfeld haben. Dieser Umstand hängt direkt mit einer weiteren Schwierigkeit zusammen, nämlich dass sich für einige mathematische Inhalte aus dem Kerncurriculum eine authentische berufspraktische Anwendung nur schwer finden lässt, wie sich bei der Planung der berufsbezogenen Unterrichtsstunde zeigte. Zumindest lassen sich nicht zu jedem Inhalt genügend Anwendungen finden, um die beruflichen Interessen aller Schüler*innen abzudecken. Zuletzt ist es zudem fraglich, inwiefern die Berufspraxis der Ansicht einer bspw. Fünftklässler*in nach lebenszweck-

---

[60] Vgl. Zech, 2002, S. 187
[61] Ebd., S. 187
[62] Ebd., S. 192 f
[63] Vgl. Ebd., S. 193

bezogene Relevanz hat. Eine besonders reife und vorausschauende Schüler*in in diesem Alter würde der Berufsrelevanz vermutlich durchaus Bedeutung beimessen, jedoch dürfte in vielen Fällen „Schulleben und Freizeit [...] näher[liegen] als Politik oder Berufsleben."[64]

Weitere von Zech aufgegriffene Motive sind ebenfalls gut mit berufspraxisorientierter Unterrichtsgestaltung vereinbar, werden jedoch nicht explizit durch den Umstand angesprochen, dass berufliche Kontexte verwendet werden. Genauer soll im Folgenden noch auf das „Selbstverwirklichungsmotiv"[65] bzw. das „Leistungsmotiv"[66] eingegangen werden, da hier in besonderem Ausmaß von berufsorientierten Anwendungen profitiert werden kann. Zech behandelt den Aspekt der Selbstverwirklichung als eine Art Komponente des Leistungsmotivs. Schüler*innen mit ausgeprägtem Leistungsmotiv bezüglich des Aspekts der Selbstverwirklichung legen Wert darauf, sich in herausfordernden Situationen als kompetent und tüchtig zu erleben.[67] Berufspraktisch orientierte Aufgabenstellungen eignen sich deswegen gut, um dieses Motiv zu bedienen, weil das Kompetenzfeld *Problemlösen* leicht in die Aufgabenplanung integriert werden kann. Im Problemlösen besteht laut Zech ein besonderer Anreiz für Schüler*innen mit ausgeprägtem Selbstverwirklichungsmotiv.[68] Des Weiteren bietet der Erwerb berufsrelevanter Kompetenzen die Möglichkeit, im späteren Beruf mehr Selbstständigkeit zu erfahren, die eigenen Chancen nicht durch Defizite in wichtigen Bereichen der Mathematik begrenzt werden.

Weitere Anknüpfungspunkte, an denen Berufspraxisorientierung ansetzen kann, um motiviertes Verhalten zu stärken, sind dem erweiterten kognitiven Motivationsmodell zu entnehmen. Diese Anknüpfungspunkte bestehen vornehmlich darin, dass die Ergebnis-Folge-Erwartung gestärkt wird. Berufspraxisorientierung eignet sich, um Schüler*innen zu verdeutlichen, dass die Kompetenzen und Qualifikationen, die sie durch Anstrengung im Mathematikunterricht erlangen können, viele positive Folgen mit sich bringen, beziehungsweise gravierende negative Folgen nach sich ziehen können, wenn entsprechende Kompetenzen nicht erworben werden. Es bietet sich an, zu thematisieren, welche Inhalte und Kompetenzen für den Berufsalltag nötig sind, welche Anforderungen häufig in Einstellungstests gestellt werden, oder welche Inhalte und Kompetenzen als ausbaufähige Grundlage für mathematisch komplexere Berufsfelder wichtig sind.

---

[64] Ebd., S. 193
[65] Ebd., S. 187
[66] Ebd., S. 187
[67] Vgl. Ebd., S. 201
[68] Vgl. Ebd., S. 202

Zuletzt besteht ein möglicher Ansatz zur Motivationsförderung durch berufspraxis-bezogene Unterrichtsgestaltung schlichtweg darin, dass es Schüler*innen geben kann, für die die Handlung „mehr über die Anforderungen bestimmter Berufe zu erfahren", einen Eigenanreiz hat. Dies dürfte wohl vor allem dann eintreten, wenn Berufe thema-tisiert werden, die die betroffenen Schüler*innen für besonders interessant oder attraktiv halten.

3.4 Zusammenfassung

Im praktischen Teil dieser Untersuchung sollen folgende Hypothesen bezüglich der Chancen zur Verbesserung der Motivation im Mathematikunterricht durch berufspraxis-orientierte Unterrichtsführung untersucht werden:

- Für Schüler*innen mit ausgeprägtem Lebenszweckmotiv stellt berufspraxis-orientierter Unterricht die Chance dar, für die Bewältigung späterer Lebens-anforderungen bedeutsame Fähigkeiten zu erlernen, was ihre Motivation im Unterricht steigert. (H1)
- Schüler*innen mit einem ausgeprägten Selbstverwirklichungsmotiv sind motivierter, da sie selbstständig an Problemen arbeiten können und so wichtige Kompetenzen erlernen. (H2)
- Berufspraxisorientierter Unterricht hilft Schüler*innen zu verstehen, dass der Erwerb mathematischer Fähigkeiten in der Schule in bedeutsamen Ausmaß Folgen für das Berufsleben hat. Durch die gestärkte Ergebnis-Folge-Erwartung zeigen die Schüler*innen motiviertes Verhalten. (H3)
- Für die Schüler*innen liegt in der Auseinandersetzung mit den mathematischen Anforderungen in verschiedenen Berufen ein Eigenanreiz und sie sind deshalb verstärkt motiviert, am Unterricht teilzunehmen. (H4)

4. Konstruktion der Fragebögen

4.1 Ziel der Befragung

Wie bereits in der Einleitung erwähnt, soll die Forschungsfrage untersucht werden, indem mit Hilfe von Fragebögen erfasst wird, ob Schüler*innen der Jahrgangsstufe 9 einer integrierten Gesamtschule in einer berufspraxisorientierten Unterrichtsstunde eher zur motivierten Teilnahme am Unterricht bereit sind und worin die Gründe hierfür liegen. Insbesondere sollen die in Abschnitt 3.4 formulierten Hypothesen für den Fall der durchgeführten Untersuchung bestätigt oder widerlegt werden können. Es besteht weder die Absicht, noch die zeitliche und praktische Möglichkeit, die Forschungsfrage oder die Hypothesen mit den im Rahmen der hier durchgeführten Untersuchungen allgemein-gültig zu beantworten. Durch die Auswertung der Fragebögen sollen die kognitiven Prozesse der Schüler*innen während des im Rahmen der Untersuchung durchgeführten Unterrichts rekonstruiert werden.

4.2 Gestaltung und äußere Struktur der Fragebögen

Da sich einige der zu ermittelnden Daten auf das Verhalten im *gewöhnlichen* Mathematikunterricht beziehen und einige Daten auf das ggf. veränderte Verhalten im *berufspraxisbezogenen* Unterricht, wurde der Entschluss gefasst, die Schüler*innen zwei separate Fragebögen ausfüllen zu lassen. Der erste Fragebogen, in dem die auf den regulären Unterricht bezogenen Daten erfragt werden, wurde von den Schüler*innen auch in einer Unterrichtsstunde mit ihrem regulären Fachlehrer ausgefüllt. Im zweiten Fragebogen wurden dann die auf die berufspraxisorientierte Stunde bezogenen Daten erfasst – der zweite Fragebogen wurde den Schüler*innen direkt im Anschluss an die entsprechende Stunde zur Bearbeitung vorgelegt. Mit der zeitlichen Trennung der beiden Fragebögen wurde zum einen beabsichtigt, dass bei den Schüler*innen weniger Verwirrung darüber aufkommt, auf welchen Unterricht sich die einzelnen Fragen beziehen. Zum anderen hat die Aufteilung den Vorteil, dass den Schüler*innen die Forschungsstunde während der Bearbeitung des zweiten Fragebogens noch frisch im Gedächtnis ist. Gleichzeitig muss aber auch nicht zu viel Unterrichtszeit für die Bearbeitung des zweiten Fragebogens aufgewendet werden, da die Hälfte der relevanten Daten bereits zuvor erfasst wurde und den Schüler*innen der Ablauf und Aufbau der Fragebögen bereits vertraut ist.

Die beiden Fragebögen sind bezüglich der optischen Gestaltung und Formatierung identisch gehalten, um durch den bekannten Ablauf etwas Zeit bei der Bearbeitung des zweiten Fragebogens einzusparen. Auf beiden Fragebögen tragen die Schüler*innen zuerst ihren Namen ein, um die Ergebnisse beider Fragebögen einander zuordnen zu können.[69] Bis auf die jeweils letzte Frage sind alle Fragen gleich aufgebaut: Die Schüler*innen sollen auf einer Skala ankreuzen, wo sie sich selbst in Bezug auf eine bestimmte Frage oder Aussage zwischen zwei extremen Positionen einschätzen. Zum besseren Verständnis befindet sich auf beiden Fragebögen direkt nach der Aufgabenstellung ein Bearbeitungsbeispiel:

Abbildung 3: Frage 0

4.3 Formulierung der Diagnosefragen

4.3.1 Fragebogen 1

Mit den ersten beiden aufgeführten Fragen soll erfasst werden, ob die Schüler*innen Grundsätzlich Spaß an Mathematik haben und ob demnach ein intrinsisches Interesse besteht.[70]

Abbildung 4: Fragen 1.1 und 1.2

Frage 1.2 spielt insbesondere auf das Konzept des *Flow-Zustandes* an, der beim Nachgehen einer interessanten, angenehmen oder reizvollen Aktivität einsetzen kann.[71] Später soll untersucht werden, ob das Interesse an Mathematik Einfluss auf die Motivationsveränderung im berufspraxisbezogenen Unterricht hatte.

---

[69] Es werden in dieser Untersuchung nur die Fragebögen derjenigen Schüler*innen ausgewertet, von denen beide Fragebögen bearbeitet wurden, und von deren Eltern die schriftliche Erlaubnis zur Verwendung der anonymisierten Daten vorliegt.
[70] Vgl. Rheinberg Et al., 2012, S. 149
[71] Vgl. Csikszentmihalyi, 1975; 1992 zitiert nach Rheinberg Et al., 2012, S. 153

Wie siehst du deine Leistungen in Mathematik?
Sehr Schlecht ├───────────┼───────────┤ Sehr gut

Wie wichtig sind/wären dir gute Leistungen in Mathematik?
Unwichtig ├───────────┼───────────┤ Sehr wichtig

Abbildung 5: Fragen 1.3 und 1.4

Aus den Fragen 1.3 und 1.4 sollen verschiedene Informationen gewonnen werden. Frage 1.3 ist dahingehend interessant, dass später untersucht werden kann, ob sich die Motivation leistungsstarker und leistungsschwacher Schüler*innen im berufsbezogenen Unterricht unterschiedlich stark verändert hat. Frage 1.4 dient vor allem dazu, Hypothese H1 zu überprüfen. In Bezug auf Hypothese H1 ist es wichtig zu wissen, ob die Schüler*innen ein ausgeprägtes Lebenszweckmotiv innehaben. Dies soll unter anderem anhand der Antwort auf Frage 1.4 beurteilt werden. Wenn eine Schüler*in gute Leistungen in Mathematik für ähnlich wichtig hält, wie sie Mathematik für das spätere Leben für wichtig hält, wird von einem ausgeprägten Lebenszweckmotiv ausgegangen.

Wie sehr musst du dich anstrengen, um dem Matheunterricht folgen zu können?
Gar nicht ├───────────┼───────────┤ Sehr viel

Wie sehr strengst du dich für gewöhnlich im Matheunterricht an?
Gar nicht ├───────────┼───────────┤ Sehr viel

Abbildung 6: Fragen 1.5 und 1.6

Anhand der Frage 1.5 soll in der Auswertung beurteilt werden können, wie schwierig die Schüler*innen die Aufgaben in der berufspraxisorientierten Stunde im Vergleich zum sonstigen Mathematikunterricht einschätzen. Ziel ist es, das Schwierigkeitsniveau etwa gleich zu halten, um die übrigen Ergebnisse besser vergleichen zu können. Frage 1.6 ist ein entscheidender Indikator für die Motivation der Schüler*innen. Durch den Vergleich mit einer analogen Frage auf dem zweiten Fragebogen wird auf die Veränderung der Motivation geschlossen.

Hast du im Matheunterricht den Eindruck, selbstständig tüfteln/nachdenken/arbeiten zu können?
Nie ├───────────┼───────────┤ Sehr oft

Abbildung 7: Frage 1.7

Diese Frage wird analog auch auf dem zweiten Fragebogen gestellt. In Abschnitt 3.3 wurde behauptet, selbstständiges Arbeiten lasse sich besonders gut im Zusammenhang mit berufsbezogenen Aufgaben durchführen. Aus den Antworten auf das entsprechende

Fragenpaar soll hervorgehen, ob dies in der durchgeführten Unterrichtsstunde gelungen ist. Die Frage hat außerdem Bezüge zur Hypothese H2 (gesteigerte Motivation durch Selbstständigkeit).

Abbildung 8: Frage 1.8

Diese Frage erfüllt einen ähnlichen Zweck wie die Fragen 1.1 und 1.2, mit ihr soll erfasst werden, inwieweit ein allgemeines Interesse an Mathematik besteht, wobei hier explizit nach dem Mathematikunterricht gefragt wird.

Mit den folgenden beiden Fragen, soll ermittelt werden, inwiefern die Folgen guter Leistungen in Mathematik als Anreize (*extrinsische Motivation*)[72] zur Teilnahme am Mathematikunterricht dienen.

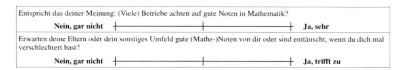

Abbildung 9: Fragen 1.9 und 1.10

Die Fragen 1.9 und 1.10 sind außerdem an das Konzept der Ergebnis-Folge-Erwartung[73] angelehnt. Es wird erfasst, ob und welche Folgen dem Ergebnis „gute bzw. schlechte Mathematiknoten" zugeschrieben werden.

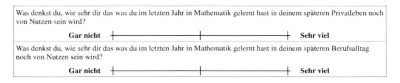

Abbildung 10: Fragen 1.11 und 1.12

Die Fragen 1.11 und 1.12 sind hinsichtlich der Hypothese H1 von Bedeutung, um in Kombination mit Frage 1.4 (Wichtigkeit guter Leistungen) zu beurteilen, ob ein ausgeprägtes Leistungsmotiv gegeben ist (s.o.). Frage 1.12 ist zudem wichtig, um

---

[72] Vgl. Rheinberg Et al., 2012, S. 149
[73] Vgl. Heckhausen; Rheinberg, 1980 zitiert nach Rheinberg; Vollmeyer, 2012, S. 132

beurteilen zu können, ob die Ergebnis-Folge-Erwartung bezüglich der Relevanz von Mathematik für das Berufsleben durch den berufspraxisorientierten Unterricht gestärkt wurde (vgl. H3). Die Information wird aus dem Vergleich mit entsprechenden Fragen des zweiten Fragebogens gewonnen.

Hast du dich schon mal *deinem Mathelehrer zu Liebe* im Unterricht angestrengt?

Noch nie ├─────────┼─────────┤ **Ja, oft**

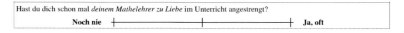

Abbildung 11: Frage 1.13

Diese Frage dient dazu, herauszufinden, inwiefern die Lehrkraft eine Rolle bei der Motivation der Schüler*innen spielt. Die Rolle der Lehrkraft und ihre Wirkung auf die Schüler*innen kann ein relevanter Einflussfaktor bezüglich der Motivation im Unterricht sein.

Was sind deiner Meinung nach Gründe, dass ein Fach in der Schule unterrichtet werden sollte?

____

____

____

Abbildung 12: Frage 1.14

Die letzte Frage ist eine offene Frage, bei der ein Freitext zu produzieren ist. Sie hat Bezüge zur anfangs aufgeworfenen Frage „*Wofür braucht man das?*“. Es soll erkundet werden, was aus der Perspektive der Schüler*innen eigentlich eine legitime Antwort auf die Frage ist.

4.3.2 Fragebogen 2

Der Fragebogen 2 beginnt mit derselben Musterfrage über gesunde Ernährung.

In Abschnitt 3.3 wurde auf die Möglichkeit eingegangen, dass Schüler*innen, die kein Interesse an den behandelten Berufsgruppen haben, dem Unterricht wegen fehlender persönlicher Relevanz weniger lebenszweckbezogene Bedeutsamkeit beimessen, und somit auch weniger motiviertes Verhalten zeigen.

Wie gut hat dir die Auswahl der vorgestellten Berufe gefallen? Gab es mindestens einen Beruf, der dich interessiert?

Uninteressant ├─────────┼─────────┤ **Interessant**

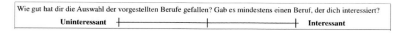

Abbildung 13: Frage 2.1

Mit Frage 2.1 kann untersucht werden, ob eine Motivationsverbesserung bei mangelndem Interesse an den vorgestellten Berufen tatsächlich seltener auftritt, oder ob Schüler*innen trotz mangelndem Interesse an den Berufen, womöglich aus anderen Gründen heraus trotzdem motiviertes Verhalten zeigen. Die Frage liefert außerdem relevante Informationen für die Überprüfung der Hypothese H4 (Motivation durch Eigenanreiz).

Aus den nächsten beiden Fragen soll hervorgehen, inwiefern es durch den berufspraxis-orientierten Unterricht gelungen ist, die Relevanz der mathematischen Inhalte für das Berufsleben deutlich zu machen.

Abbildung 14: Fragen 2.2 und 2.3

Beide Fragen lassen Rückschlüsse auf die Ergebnis-Folge-Erwartung der Schüler*innen zu (H3). Durch den Vergleich mit den entsprechenden Fragen zur Ergebnis-Folge-Erwartung aus dem ersten Fragebogen (1.12), geht hervor, ob der berufspraxisorien-tierte Unterricht die Erwartung für die spätere Relevanz von Mathematik stärken konnte.

Abbildung 15: Frage 2.4

Anhand dieser Frage kann durch den Vergleich mit Frage 1.5 zunächst festgestellt werden, ob der empfundene Schwierigkeitsgrad der Unterrichtsstunde etwa dem Schwierigkeitsgrad des regulären Mathematikunterrichts entspricht. Abgesehen davon ist das Anforderungsniveau der Aufgaben ein entscheidender Einflussfaktor für die Motivation im Unterricht. Zu leichte Aufgaben stellen keine Herausforderung dar und zu schwere Aufgaben sind oft frustrierend[74] – ideal sind oftmals Aufgaben, die anspruchs-voll, aber *noch* schaffbar, also mittelschwer sind.[75] Es soll bei der Auswertung diskutiert werden können, inwieweit der Schwierigkeitsgrad der Aufgaben die Befunde bezüglich der Motivation beeinflusst haben könnte.

---

[74] Vgl. Zech, 2002, S. 199
[75] Vgl. Rheinberg Et al., 2012, S. 71 f

Bei der nächsten Frage geben die Schüler*innen an, wie sehr ihnen die Stunde insgesamt gefallen hat, und nennen den Hauptgrund hierfür.

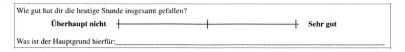

Abbildung 16: Frage 2.5

Hat einer Schüler*in die Stunde außergewöhnlich gut oder schlecht gefallen, aber aufgrund eines von der Berufspraxisorientierung unabhängigen Aspekts, ist dies für die Interpretation der Antworten auf die anderen Fragen relevant. Außerdem könnte die Frage Hinweise auf einen möglichen Eigenanreiz liefern (Vgl. H4).

Abbildung 17: Fragen 2.6 und 2.7

Diese beiden Fragen sind in Bezug auf die Planung der Unterrichtsstunde, insbesondere des Einstiegs relevant. An gegebener Stelle wird diskutiert, ob für die berufsorientierte Stunde eine gesonderte Phase zur Motivation/Aktivierung nötig ist, oder ob alleine das besondere Konzept der Stunde einen dahingehend ausreichenden Effekt hat.

Die nächste Frage ist analog auch auf dem ersten Fragebogen aufgeführt (1.7).

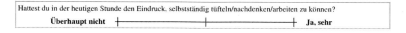

Abbildung 18: Frage 2.8

Aus dem Vergleich der jeweiligen Antworten kann die Behauptung aus Abschnitt 3.3, *„berufspraxisorientierter Unterricht biete sich an, um verstärkt selbstständige Schülerarbeit in den Unterricht zu integrieren"* für den Fall der durchgeführten Stunde bestätigt oder widerlegt werden. Zudem ist das Fragenpaar (1.7 und 2.8) essenziell für die Untersuchung der Hypothese H2 (gesteigerte Motivation durch selbstständiges Problemlösen).

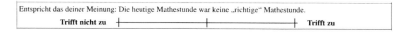

Entspricht das deiner Meinung: Die heutige Mathestunde war keine „richtige" Mathestunde.

Trifft nicht zu ├─────────────┼─────────────┤ **Trifft zu**

Abbildung 19: Frage 2.9

Mit dieser Frage. soll herausgefunden werden, wie ernst die Schüler*innen die Stunde genommen haben. Es ist durchaus damit zu rechnen, dass manche Schüler*innen der Unterrichtsstunde aufgrund der neuen Situation, der neuen Lehrkraft etc., nicht die Wichtigkeit oder den Wert einer „richtigen" Unterrichtsstunde beimessen.

Fiel es dir schwer, in der heutigen Stunde bei der Sache zu bleiben?

Nein, gar nicht ├─────────────┼─────────────┤ **Ja, sehr**

Abbildung 20: Frage 2.10

Da Motivation dadurch beobachtbar ist, dass sie eine Handlung hervorbringt – und in dieser Untersuchung ist die gewünschte Handlung, aktiv am Unterricht teilzunehmen – kann aus der Antwort auf diese Frage erschlossen werden, wie motiviert die Schüler*innen im Unterricht waren. Durch den Vergleich mit der Frage 1.6 aus dem ersten Fragebogen kann außerdem erfasst werden, ob die Schüler*innen ihre eigene Anstrengung bzw. Motivation in der berufspraxisorientierten Stunde höher oder geringer als sonst einschätzen. Hierin besteht im Rahmen der Auswertung der hauptsächliche Indikator für die Messung einer Veränderung der Motivation.

Bei den Kursen, in denen die Unterrichtsstunde gehalten wird, handelte es sich um Wahlpflichtkurse, sogenannte ZAP-Kurse, deren Ziel es ist, die Schüler*innen bei der Vorbereitung auf die zentrale Abschlussprüfung (Hauptschulabschluss) zu unterstützen. Mit der nachfolgenden Frage soll untersucht werden, ob die Einbindung berufs-bezogener Inhalte auf Kosten des übergeordneten Lernziels des Kurses stattfand.

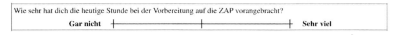

Wie sehr hat dich die heutige Stunde bei der Vorbereitung auf die ZAP vorangebracht?

Gar nicht ├─────────────┼─────────────┤ **Sehr viel**

Abbildung 21: Frage 2.11

Wie sehr hat dir die Stunde geholfen, einzuschätzen, welche Rolle Mathematik in der Berufswelt spielt?

Gar nicht ├─────────────┼─────────────┤ **Sehr viel**

Abbildung 22: Frage 2.12

Ein Aspekt, der mit Frage 2.11 erfasst werden soll, ist ob die Ergebnis-Folge-Erwartung gestärkt wurde (vgl. H3). Die Frage entspricht zudem fast im genauen Wortlaut einem der Lernziele für die Unterrichtsstunde. Mit der Frage soll überprüft werden, ob dieses erreicht wurde.

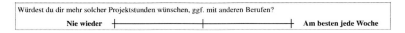

Abbildung 23: Frage 2.13

Anhand dieser Frage kann zum einen abgeleitet werden, wie zufrieden die Schüler*innen im Allgemeinen mit der Stunde waren. Vermutlich viel interessanter ist allerdings, dass anhand der Frage diskutiert werden kann, wie viel Berufspraxisorientierung im Unterricht stattfinden sollte, um den größtmöglichen Effekt bezüglich der Motivationssteigerung zu erzielen. Die ausführliche Diskussion über die Ausblicke und Implikationen der Untersuchungsergebnisse folgt in Kapitel 9.2.

Die letzte Frage ist für die hier durchgeführten Untersuchungen weniger relevant. Sie soll den regulären Lehrkräften der Kurse hauptsächlich als inhaltlicher Ansatzpunkt für die für die Folgestunde dienen.

Abbildung 24: Frage 2.14

Allerdings bietet diese Frage auch die Gelegenheit, zu beobachten, ob einige der von den Schüler*innen benannten Defizite mit den in Abschnitt 2.3.2 durch die Unternehmen benannten häufigen Schülerdefizite übereinstimmen.

4.4 Chancen und Schwächen des Mediums

Der Fragebogen bietet sich als Instrument für die durchgeführte Untersuchung vor allem deswegen an, weil mit ihm schnell Informationen gewonnen werden können, die aus der bloßen Beobachtung nicht zugänglich sind. Besonders wenn es sich bei dem Forschungsgegenstand um ein abstraktes Konstrukt handelt, wie in diesem Fall die Motivation der Schüler*innen, muss notwendigerweise auf Fragbögen oder vergleichbare

Instrumente zurückgegriffen werden. Als Alternative kämen auch Interviews oder Selbsteinschätzungen in Form von Stichpunkten oder Fließtexten in Frage.

Interviews mit den Schüler*innen zu führen wäre sicherlich aufschlussreicher gewesen, als mit Fragebögen zu arbeiten. Interviews ermöglichen es, einen tieferen Einblick in die Gedanken- und Gefühlswelt der Befragten zu erhalten, und es kann im Einzelfall detaillierter auf Auffälligkeiten und Besonderheiten bei den Angaben des Interviewten eingegangen werden. Interviews durchzuführen, wäre aufgrund zeitlicher Einschränkungen allerdings nur bei einem geringen Teil der Schüler*innen möglich gewesen. Wie bereits geschildert, erfüllt die durchgeführte Untersuchung keines Falls die Ansprüche quantitativer Forschung. Allerdings erschien es für die Zwecke dieser Untersuchung sinnvoller, Daten aller an der Unterrichtsstunde teilnehmenden Schüler*innen zu erfassen, anstatt Einzelner. Dadurch soll vermieden werden, dass aufgrund ungünstiger Auswahl der Interviewten ein nicht-repräsentatives Bild der Gesamtsituation entsteht. Zeitliche Effizienz und unkomplizierte Durchführung sind also Vorteile des Fragebogens, insbesondere in Anbetracht der Alternativen.

Eine große Schwäche der Fragebögen, die die anderen bislang aufgeführten Instrumente jedoch mehr oder weniger teilen, ist, dass die Schüler*innen die Fragen natürlich nicht objektiv beantworten. Damit ist nicht gemeint, dass die Schüler*innen die Fragen nicht ehrlich beantworten. Dies kann zwar auch der Fall sein, allerdings ist das vermutlich größere Problem, dass die Schüler*innen unterschiedliche Maßstäbe für ihre Einschätzungen heranziehen. Schüler*innen mit gleich großem Interesse an Mathematik, könnten sich aufgrund unterschiedlicher Bezugspunkte zum Beispiel auf unterschiedlichen Punkten der Skala einordnen. Diesem Problem könnte dadurch vorgebeugt werden, dass auf die Fragen nur absolute Antworten (ja/nein) zugelassen werden. Dies bringt allerdings wieder eigene Nachteile mit sich – zum Beispiel könnten Schüler*innen, die beiden Optionen nicht wirklich zustimmen, eine zufällige oder keine Antwort auswählen. Das Risiko, dass sich Schüler*innen anhand unterschiedlicher Bezugspunkte einschätzen, wurde hier bewusst in Kauf genommen, um den Schüler*innen ein breiteres Spektrum an Antwortmöglichkeiten zu bieten. Vor allem soll es die Skala aber ermöglichen, mehrere Antworten einer Schüler*in relativ zueinander zu vergleichen. Ein gutes Beispiel hierfür ist ein Fragenpaar aus dem zweiten Fragebogen: *„Wie interessant fandest du die Stunde im Voraus/ im Nachhinein?"*. Hier ist auf einer Skala sehr deutlich zu sehen, ob das Interesse gleichgeblieben, leicht gestiegen/gesunken oder stark gestiegen/gesunken ist. Bei vorgegebenen Antwortmöglichkeiten gehen derartige

Bezüge unter Umständen nicht deutlich hervor, oder es deuten sich Zusammenhänge an, die in Realität jedoch vernachlässigbar sind.

Des Weiteren Erlaubt das Antwortformat der Skala eine numerische Auswertung der Ergebnisse. Bei der Auswertung der Fragebögen wird der Wert *-1* stets dem *linken* Ende der Skala zugeordnet und der Wert *1* dem *rechten* Ende. Allen Punkten auf der Skala wird bemessen an ihrem Abstand zu den beiden Enden der entsprechende Wert aus dem Intervall [-1;1] zugeordnet. So lassen sich bei der Auswertung anhand numerischer Werte statistische Kenngrößen wie *Mittelwert* oder *Standardabweichung* berechnen.

5. Auswertung der Recherche in den Betrieben

5.1 Beschreibung der Interviews

Im Rahmen dieses Projekts wurden vier Interviews geführt. Die Interviewten sind Herr G, Geschäftsführer einer Maschinenbau GmbH im Lahn-Dill-Kreis, Herr Z, Geschäftsführer einer Garten- und Landschaftsbau GmbH im Main-Kinzig-Kreis, Frau T, ehemalige Personaldienstleiterin an einem Flughafen und Herr S, ehemaliger Bezirksleiter mit Funktion im Ausbildungsbereich einer Versicherungsagentur. Die Interviews dienen vor allem dem Zweck, Informationen darüber zu sammeln, ob es in den jeweiligen Berufsgruppen Probleme oder Situationen gibt, die mit Hilfe mathematischer Arbeitsweisen bewältigt werden. Auf Grundlage dieser Informationen wurde das Arbeitsmaterial für die berufspraxisorientierte Unterrichtsstunde erstellt. Des Weiteren wurden die Interviewten hinsichtlich ihrer Zufriedenheit bezüglich des mathematischen Kenntnisstands von Schulabgängern befragt.

Die Audioaufnahmen der Interviews befinden sich auf dem beiliegenden Datenträger.

5.2 Anwendungen von Mathematik im Berufsalltag

Für den Bereich Maschinenbau nannte Herr G im Interview, sowie bei einer nicht aufgezeichneten Führung durch den Betrieb eine Vielzahl an Anwendungsbeispielen. In der Regel würden Auszubildenden eher elementare mathematische Fähigkeiten abverlangt, die das Operieren mit Grundrechenarten oder den Umgang mit dem Dreisatz selten übersteigen.[76] Als konkrete Beispiele nannte Herr G das Berechnen des Flächeninhalts (oftmals) rechteckiger Flächen, das Berechnen oder Ablesen von Scherkräften oder der Schnittgeschwindigkeit eines Werkzeugs aus einem Diagramm, das Herstellen eines Flüssiggemischs bei gegebenen Mengenverhältnissen[77], sowie Berechnungen mit den Größen Dicke, Knickradius und Knickwinkel beim Kanten eines Bleches.[78] Das Arbeitsblatt Blechverarbeitung basiert beispielsweise auf den Anregungen zum Kanten eines Bleches. Des Weiteren gehören oft einfache Optimierungsprobleme zum Berufsalltag, beispielsweise in Form von Problemen der Art „Wie viele Blechstücke/Stangen/… können aus einem gegebenen Grundmaterial gewonnen werden?".[79] Probleme dieser Art werden auf dem Arbeitsblatt „Treppengeländer I"

---

[76] Vgl. G, 2:01-2:25
[77] Vgl. Ebd., 2:01-2:50
[78] Vgl. G, 10:22-10:40
[79] Vgl. Ebd., 11:37-12:32

(Aufgabe 1) und dem Arbeitsblatt „Treppengeländer II" (Aufgabe 3) behandelt. Auch auf Arbeitsblättern, die nicht zum Metallbau gehören findet sich dieser Aufgabentyp, beispielsweise auf dem Arbeitsblatt „Zaun" (Aufgabe 2).

Herr Z nannte ebenfalls elementare Rechenoperationen mit den Grundrechenarten, Prozentrechnung und die Berechnung von Flächen als wichtige mathematische Fähigkeiten für den Bereich Garten- und Landschaftsbau.[80] Besonders geläufig seien vor allem Berechnungen an Treppen[81], Berechnungen von Steigung und Gefälle eines Bodenbelags[82] und Berechnungen von Volumina beispielsweise von benötigter oder abzutransportierender Erde.[83] Das Thema „Treppe" wird auf dem Arbeitsblatt „Seitentreppe" behandelt, bei der Entstehung dieses Arbeitsblatts sind viele Anregungen von Herrn Z miteingeflossen. Gleiches gilt für das Arbeitsblatt „Steinbeet". Auf diesem Arbeitsblatt soll der Flächeninhalt eines unregelmäßigen Sechsecks mit Hilfe des Gauß-Elling-Verfahrens berechnet werden, worin laut Herr Z eine weitere praktische Anwendung von Mathematik besteht.[84] Als weitere Anwendungen wurden die Berechnung der notwendigen Spritzbrühe in Bezug auf Düngemittel[85] und Höhenabmessungen mit einem Nivelliergerät genannt.[86] Herr Z betonte allerdings auch, dass das Lösen mathematischer Probleme im Arbeitsalltag eines Landschaftsgärtners nicht den Großteil der Arbeit ausmacht.[87]

Die ehemalige Personaldienstleiterin Frau T berichtete von der Notwendigkeit grundlegender mathematischer Kompetenzen, um einer Tätigkeit als Verkäufer*in oder Storemanager*in in den verschiedenen Duty-Free-Shops am Flughafen nachgehen zu können. Zu den essenziellen Kompetenzen für den Berufsalltag zählte Frau T die Fähigkeit zum Erfassen, Planen und Bestellen von Artikelbeständen[88] sowie das sichere Kopfrechnen.[89] Letzteres sei nötig, um im Verkaufsgespräch kompetent und seriös aufzutreten. Weitere mathematische Kompetenzen würden insbesondere von den Storemanager*innen erwartet. Diese müssen etwa in der Lage sein, begründete Vorhersagen bezüglich der zu erwartenden Fluggastzahlen aufgrund verschiedener Einflüsse wie Saisonzeiten oder Messeveranstaltungen zu treffen, und die Personal-

---

[80] Vgl. Z, 1:50-2:29; 4:15-4:50
[81] Vgl. Ebd., 0:06-1:35
[82] Vgl. Ebd., 1:50-2:29
[83] Vgl. Ebd., 4:19-5:27
[84] Vgl. Ebd., 4:50-5:55
[85] Vgl. Ebd., 2:30-2:49
[86] Vgl. Ebd., 11:07-11:31
[87] Vgl. Ebd., 10:45-10:50
[88] Vgl. T, 3:30-4:00
[89] Vgl. Ebd., 7:15-7:35

planung an besagte Prognosen anzupassen.[90] In Grundzügen wird diese Form der strategischen Auswertung von Daten auf dem Arbeitsblatt „Teamleiter" (Aufgabe 1) behandelt. Die Planung der Logistik unter Beachtung der zu erwartenden Importverfügbarkeit von Produkten, die ihren Sitz im Ausland haben, stellen ebenfalls Aufgabenfelder mit potenziell mathematischen Bezügen dar.[91]

Herr S, welcher als Bezirksleiter, Spezialist für Gewerbeversicherung und Zuständiger für den Ausbildungsbereich für ein großes Versicherungsunternehmen tätig war[92], nannte vor allem den sicheren Umgang mit Prozentrechnung, insbesondere das Konzept von Brutto und Netto und die Zinsrechnung inklusive Zinses-Zins als wichtigste mathematische Fähigkeiten für den Berufsalltag.[93] Als weitere, allerdings weniger geläufige Anwendung wurde noch das Berechnen des umbauten Raumes eines zu versichernden Gebäude(teil)s angeführt. Hierbei würden oftmals Modellierungen durch einfache geometrische Grundkörper vorgenommen.[94] Zu den anderen Berufsgruppen ließen sich die mathematischen Anwendungsbeispiele leichter in Form eines Arbeitsblatts umsetzen, deswegen wurde der Entschluss getroffen, keine Station zu versicherungskaufmännischen Berufen anzubieten.

5.3 Mathematischer Kompetenzstand von Auszubildenden

Herr G stellte im Laufe der Zeit einen Leistungsabfall des Nachwuchses fest.[95] Insbesondere bei Bewerber*innen mit Hauptschulabschluss stellt er regelmäßig fest, dass selbst Grundlagen, er führte als Beispiel den Dreisatz an, nicht ausreichend beherrscht werden.[96] Er nimmt persönlich einen Qualitätsverlust des Realabschlusses im Zuge der letzten 25 Jahre wahr.[97] Mit Blick auf das Schulsystem betonte Herr G, dass Schulabgänger*innen dringend mehr anwendungsfähiges Wissen vermittelt bekommen müssen, um im Beruf Anschluss fassen zu können. Er hält es für zielführend, mehr praktische Beispiele in den Unterricht einzubinden.[98]

Herr Z schildert einige ähnliche Eindrücke wie Herr G. Ein großes Unwissen zeige sich bei dem Nachwuchs besonders im Umgang mit Einheiten und der Berechnung von

---

[90] Vgl. Ebd., 8:11-10:19
[91] Vgl. Ebd., 10:33-11:17
[92] Vgl. S, 0:00-0:43
[93] Vgl. Ebd., 6:14-7:30
[94] Vgl. Ebd., 11:30-12:15
[95] Vgl. G, 4:43-5:36
[96] Vgl. Ebd., 2:20-2:23
[97] Vgl. Ebd., 7:42-7:48
[98] Vgl. Ebd., 3:40-4:05

Volumina und Flächeninhalten.[99] Mittlerweile wird im Betrieb von Herrn Z lediglich auf Bewerber*innen zurückgegriffen, die mindestens über die mittlere Reife verfügen, da Bewerber*innen mit Hauptschulabschluss den Anforderungen erfahrungsgemäß nicht gerecht werden.[100] Herr Z erklärte allerdings auch, dass Bewerber*innen oftmals wichtigere Qualitäten, als mathematische Kompetenz fehlen würden.[101]

Herr S teilt eine gewisse Unzufriedenheit mit dem Kompetenzstand neuer Bewerber*innen. Mittlerweile seien die branchenüblichen Zugangsvoraussetzungen mindestens ein guter bis sehr Realschulabschluss oder ein gutes Abitur, darunter würde in seinem Unternehmen grundsätzlich nicht eingestellt werden, was nicht immer der Fall war.[102] Wie Herr G, betont auch Herr S eine Verschlechterung der Bewerber*innen.[103] Auch Gymnasiasten seien mit vielem überfordert, sei es Kopfrechnen, einfache Prozentrechnung oder beispielsweise das grobe Schätzen von Größen.[104] Herr S spricht insbesondere von einem katastrophalen, unterirdischen Bildungsniveau bei den Schulabgänger*innen.[105] Für ihn fehle im Unterricht ein realistischer Blick auf die außerschulische, ökonomische Realität, um die Schüler*innen dazu zu befähigen, Kompetenzen vom schulischen in den beruflichen Kontext zu übertragen.[106] Mit „der Inflation guter Noten"[107] entstünde ein verzerrtes Bild der Fähigkeiten der Bewerber*innen, da das oftmals durchaus vorhandene Wissen nicht anwendungsfähig sei.[108]

Die in dem Interview mit Frau T gewonnenen Informationen hatten wenige Bezüge dazu, wie es um die mathematischen Fähigkeiten der Bewerber*innen und Auszubildenden steht.

5.4 Zusammenfassung

Die durchgeführten Interviews kommen bezüglich der Qualifikation von Auszubildenden zu einem ähnlichen Schluss wie die Unternehmensbefragungen in Abschnitt 2.3.2. Natürlich können auch die Ergebnisse der Interviews keine absolute Sicherheit gewähren, es wird allerdings stark impliziert, dass die mathematische Vorbereitung durch die Schule tatsächlich oft nicht ausreichend ist, um erfolgreich in das Berufsleben

---

[99] Vgl. Z, 9:23-9:59
[100] Vgl. Ebd., 7:53-8:00
[101] Vgl. Ebd., 9:00-9:02
[102] Vgl. S, 1:20-1:30
[103] Vgl. Ebd., 30:12-31:06
[104] Vgl. Ebd., 26:49-27:06
[105] Vgl. S, 26:12-27:50
[106] Vgl. Ebd., 29:54-39:31
[107] Ebd., 35:33-35:36
[108] Vgl. Ebd., 37:31-39:31

überzutreten. Dies ist besonders fatal, da die Interviews zeigen, dass die mathematischen Anforderungen, die im Berufsalltag an Auszubildende gestellt werden, durchaus enge Bezüge zum Schulstoff der neunten und zehnten Jahrgangsstufe haben. Die Interviewten gaben an, dass das reine Mathematische Wissen nicht notwendigerweise fehle, sondern dass es in vielen Fällen schlicht nicht anwendungsfähig sei. Da dieses Problem einen beträchtlichen Teil der Schulabgänger*innen betreffen zu scheint, besteht hier definitiv Handlungsbedarf.

6. Planung der Unterrichtsstunde

6.1 Rahmenbedingungen

Die Heinrich-Böll-Schule in Bruchköbel ist eine integrierte Gesamtschule, an der Schüler*innen die Jahrgangsstufen fünf bis zehn durchlaufen können. An der Heinrich-Böll-Schule können Schüler*innen den Hauptschulabschluss, die mittlere Reife oder die Qualifikation zum Übergang in die gymnasiale Oberstufe erwerben. Für Schüler*innen, die den Hauptschulabschluss erzielen, endet die Schulzeit nach Absolvieren der neunten Klasse mit dem Bestehen der Hauptschulabschlussprüfung (A9) – für Schüler*innen, die die mittlere Reife erzielen entsprechend nach Absolvieren der zehnten Klasse mit dem Bestehen der Realschulabschlussprüfung (A10).[109] Für Schüler*innen mit gefährdeter A10-Prognose besteht die Möglichkeit, vorsorglich in der neunten Klasse an den Hauptschulabschlussprüfungen teilzunehmen.

In Mathematik, sowie Englisch und Deutsch, werden die Schüler*innen ab der Jahrgangsstufe sieben ihrem Leistungsniveau entsprechend in E-Kurse (Erweiterungskurs) und G-Kurse (Grundkurs) eingeteilt. Ab der neunten Klasse wird weiter in A-Kurse (entspricht gymnasialem Niveau G9), B-Kurse (entspricht Realschulniveau) und C-Kurse (entspricht Hauptschulniveau) differenziert. Der reguläre Mathematikunterricht findet wöchentlich im Rahmen von zwei Doppelstunden statt.[110] Zusätzlich werden ab der neunten Klasse Wahlpflichtkurse angeboten, im Rahmen derer die Schüler*innen an wöchentlich zweistündig stattfindenden Vorbereitungskursen für die Abschlussprüfungen teilnehmen können. In den sogenannten ZAP-Kursen (Vorbereitung auf Zentrale Abschlussprüfungen) erhalten die Schüler*innen der Jahrgangsstufe neun Unterstützung bei der Vorbereitung auf die Hauptschulprüfung und die Schüler*innen der Jahrgangsstufe zehn Unterstützung bei der Vorbereitung auf die Realschulprüfung.[111] An den ZAP-Kursen können Schüler*innen unabhängig von ihrer Kurszugehörigkeit im regulären Mathematikunterricht teilnehmen. Inhaltlich orientieren sich die ZAP-Kurse sehr stark an den Anforderungen der Abschlussprüfungen, allerdings wird auch phasenweise Kurszeit für die Vorbereitung und nachträgliche Aufarbeitung von Klassenarbeiten aufgewendet.[112]

---

[109] Vgl. Heinrich-Böll-Schule, 2016, S. 22
[110] Vgl. Ebd., S. 13
[111] Vgl. Ebd., S. 11
[112] Anmerkung: Diese wie auch die folgenden Informationen wurden im Gespräch mit der stellvertretenden Schulleiterin, sowie den Lehrkräften Herr S und Herr C in Erfahrung gebracht.

In Absprache mit der Schulleitung, sowie den entsprechenden Kurslehrern, Herr C und Herr S, wurden für die Durchführung des experimentellen Teils dieser Untersuchung vier Stunden Unterrichtszeit zur Verfügung gestellt. Des Weiteren konnte ich je Kurs in zwei zusätzlichen Sitzungen hospitieren. Der Unterricht fand zu jeweils einer Doppelstunde in zwei verschiedenen ZAP-Kursen des neunten Jahrgangs statt – bei diesen handelte es sich um Parallelkurse, das heißt die Schüler*innen der jeweiligen Kurse haben in etwa den gleichen mathematischen Kenntnisstand. Bei den Schüler*innen innerhalb der einzelnen Kurse gibt es allerdings teils große Leistungsunterschiede, da sich ZAP-Kurse aus Schüler*innen auf Haupt-, Realschul- und Gymnasialniveau zusammensetzen. Insgesamt nahmen an der berufspraxisorientierten Unterrichtsstunde 30 Schüler*innen in vollem Umfang teil. Regulär nehmen an den beiden ZAP-Kursen insgesamt 40 Schüler*innen teil, allerdings konnten einige Schüler*innen Corona-bedingt nicht am Unterricht teilnehmen, oder waren anderweitig verhindert.

Bei der Planung der Stunde ließen mir Herr S und Herr C sehr viele Freiheiten. Sie waren nicht an der Planung der Unterrichtsstunde beteiligt, behielten sich allerdings das Recht vor, vor der Durchführung der Unterrichtsstunde Änderungen vorzunehmen, wozu es allerdings nicht kam. Methodisch, sowie bezüglich der verwendeten Medien erhielt ich von den Lehrkräften keinerlei Einschränkungen. Beide Kurse fanden im selben Raum statt, dieser Raum ist mit einem Smartboard ausgestattet – andere Medien hätten auf Nachfrage zur Verfügung gestellt werden können. Einige Einschränkungen gab es aufgrund der im Land Hessen gültigen Corona-Auflagen an Schulen: Die Schüler*innen dürfen ihre zugewiesenen Sitzplätze während der Unterrichtszeit nicht verlassen, außer um auf die Toilette zu gehen – Gruppenarbeiten sind damit nicht gestattet, Partnerarbeit mit der Sitznachbar*in allerdings schon. Inhaltlich gibt der Unterrichtsplan für ZAP-Kurse vor, für die Hauptschulprüfung relevante Themengebiete zu behandeln, allerdings nur solche, die bereits im regulären Mathematikunterricht behandelt wurden, oder gegenwärtig behandelt werden. Herr S und Herr C empfahlen, in der Stunde inhaltlich primär eine Auswahl der folgenden Themengebiete zu behandeln: Prozentrechnung; Zinsrechnung; Dreisatz; Kongruenz; Konstruktion von Dreiecken; Säulen- und Kreis-diagramme erstellen, ablesen und interpretieren; Kreis, Steigung in Prozent. Vermieden werden sollten die folgenden Themen, da sie im Regelmathematikunterricht noch nicht behandelt wurden: Funktionsbegriff, Lineare Funktionen, Satz des Pythagoras, Wahr-scheinlichkeitsrechnung.

6.2 Beschreibung der Lerngruppe

Die Schüler*innen der Kurse sind zu etwa gleichen Teilen männlich und weiblich. Die Daten der Schüler*innen wurden anonymisiert ausgewertet, die Namen auf den Fragebögen wurden lediglich dazu genutzt beide Teile der Befragung einander zuordnen zu können. Etwa 60% der anwesenden Schüler*innen hat im regulären Mathematik-unterricht die B-Kurseinstufung, insgesamt eine Schüler*in hat die A-Kurseinstufung und der Rest die C-Kurseinstufung. Tatsächlich gibt es zwischen den Schüler*innen große Leistungsunterschiede, wie sich auch in den Hospitationsstunden zeigte. Einige Schüler*innen waren mit ihren Aufgaben bereits fertig, während andere erst nach der Aufarbeitung der Aufgabe im Plenum in der Lage war, die Lösung zu finden bzw. nachzuvollziehen.

Vier der Schüler*innen besuchen außerdem eine Intensivklasse.[113] Diese Klassen dienen dem Zweck, Schüler*innen mit Defiziten in der deutschen Sprache zu fördern. In dem Kurs, der von Herr C unterrichtet wird, haben viele der Schüler*innen, etwa 90%, einen Migrationshintergrund – in dem Kurs von Herr S beträgt der Anteil der Schüler*innen mit Migrationshintergrund etwa ein Viertel. In dem Kurs von Herr C gibt es einige Schüler*innen mit sprachlichen Problemen – zu diesen Schüler*innen zählen u. a. die vier Schüler*innen, die die Intensivklasse besuchen – betroffen sind jedoch nicht allein diese vier Schüler*innen. Herr C empfahl, den Einsatz von Fachsprache bei Aufgabenstellungen etwas einzuschränken und viel visuell zu unterstützen. Für einige Schüler*innen ist deutsch nicht die Muttersprache und Einzelne können sich zwar verständigen, haben aber Probleme, korrekte Sätze zu bilden.

Zum Zeitpunkt der Durchführung der Unterrichtsstunde bestanden die beiden ZAP-Kurse erst einige Wochen. Vor der berufspraxisorientierten Unterrichtsstunde fanden die Kurse unter Herr C und Herr S an weniger als fünf Sitzungen statt. Die Schüler*innen kennen die Lehrkräfte bis auf einzelne Ausnahmen nicht aus dem vorherigen Unterricht – die Schüler*innen untereinander sind größtenteils miteinander bekannt. Der Umgang der Schüler*innen untereinander erschien größtenteils freundschaftlich. Herr C hat dem Kurs gegenüber ein humorvolles, aber bestimmtes Auftreten, was bei dem Kurs gut zu funktionieren scheint.

Im Kurs von Herr S herrschte zwischen den Schüler*innen untereinander sowie zwischen den Schüler*innen und der Lehrperson ein ähnlich freundlicher Umgang. Herr

---

[113] Vgl. Heinrich-Böll-Schule, o. J. [letzter Abruf: 17.02.2022]

S legt meiner Beobachtung nach sehr viel Wert auf individuelle Unterstützung und gemeinsames Lernen, was von den Schüler*innen sehr positiv aufgenommen wurde. Die Schüler*innen aus dem Kurs von Herr S schienen im Allgemeinen ein wenig leistungsstärker, interessierter und aktiver zu sein, als die Schüler*innen aus dem Kurs von Herr C. Sprachliche Probleme waren im Kurs von Herr S im Vergleich zum Parallelkurs vernachlässigbar. Es gab auch hier viele Schüler*innen mit Migrationshintergrund, allerdings nur einzelne, die die deutsche Sprache nicht auf dem Niveau der Muttersprache beherrschen – eventuell ist der fachspezifische Wortschatz bei einigen Schüler*innen nicht sehr stark ausgeprägt.

6.3 Darstellung des Stundenentwurfs

Da es sich bei den beiden ZAP-Kursen um Parallelkurse handelt und aus den vorherigen Beobachtungen sowie den Gesprächen mit den Kurslehrer kein Anlass zur Annahme entstand, dass ein Kurs deutlich stärker sei, als der andere, wurde eine Unterrichtsstunde konzipiert, die in beiden Kursen gehalten wurde.

Lernziele

Leistungsbezogene Lernziele:

- (L_L1) Die Schüler*innen können ihr vorhandenes Wissen über verschiedene mathematische Inhalte[114] aktivieren und in berufspraxisbezogenen Kontexten anwenden.
- (L_L2) Die Schüler*innen können aus Texten und Grafiken erschließen, welches Ergebnis bei Aufgaben mit beruflichem Kontext erbracht werden soll.
- (L_L3*) Die Schüler*innen können ihr vorhandenes Wissen nutzen, um Lösungen für Probleme zu finden, bei denen keine klare Lösungsstrategie vorgegeben ist. (*geht über die Mindestanforderungen hinaus)

---

[114] Die Stunde besteht hauptsächlich aus einer Stationsarbeit. Es ist nicht vorgesehen, dass jede Schüler*in alle Stationen behandelt; auch wird nicht gewährleistet, dass jede Schüler*in die gleichen mathematischen Inhalte bearbeitet. Daher wird hier nicht spezifiziert, welche Inhalte angewendet werden sollen. Folgende Inhalte können im Rahmen der Stationen bearbeitet werden: Division mit Rest; proportionale Zusammenhänge; Terme und Variablen; Gleichungen; Ungleichungen; Flächeninhalt von Kreisen, Dreiecken und Rechtecken; Punkte im Koordinatensystem; Umfang eines Kreises; Prozentrechnung; Säulen- und Kreisdiagramm; Winkelsätze

Überfachliche Lernziele:

- (Lü1) Die Schüler*innen nutzen die angebotenen Lerngelegenheiten inklusive Hilfen und Lösungen selbstständig und gewissenhaft und stellen, wenn nötig, Fragen.
- (Lü2) Die Schüler*innen sind in der Lage mit einer Partner*in zu arbeiten und gegenseitige Unterstützung anzubieten und wahrzunehmen.

Berufsbildungsspezifische Lernziele:

- (L$_B$1) Die Schüler*innen kennen Beispiele für Probleme und Herausforderungen in Berufen, für deren Lösung mathematische Kenntnisse der Sekundarstufe 1 nötig sind.

Stundenverlaufsplan

Die Doppelstunde beginnt mit der Begrüßung. Der grobe Ablauf der Stunde wird vorgestellt. Den Hauptteil der Stunde macht eine lange Arbeitsphase aus, während der die Schüler*innen einer Stationsarbeit nachgehen. Es gibt insgesamt acht verschiedene Stationen, die je eine von drei Berufsgruppen behandeln: Metallbau, Gartenbau und Einzelhandel. Die Schüler*innen sollen in Paaren mit ihrer Sitznachbar*in in etwa 60 Minuten zwei bis drei Stationen bearbeiten. Die Ergebnissicherung verläuft begleitend zur Arbeitsphase anhand bereitgestellter Hilfen und Lösungen und dem Austausch mit der Lehrkraft. Am Ende der Stunde füllen die Schüler*innen den zweiten Fragebogen aus.

Darstellung des Arbeitsmaterials

Als repräsentatives Beispiel für das Arbeitsmaterial befinden sich die Materialien zur Station „Metallbau: Blechverarbeitung" im Anhang ab Seite 83.

Zu dem Berufsfeld Gartenbau gibt es drei Stationen: „Zaun", „Steinbeet" und „Seitentreppe". Zum Metallbau gibt es die Stationen „Treppengeländer I", „Treppengeländer II" und „Blechverarbeitung" und zum Einzelhandel gibt es die Stationen „Teamleiter" und „Verbraucherverhalten". Zu jeder Station gibt es einen DIN-A4 Umschlag, der alle benötigten Materialien enthält. Auf den Umschlag aufgeklebt befindet sich jeweils das Deckblatt zu der Station, das das Berufsfeld und das Tätigkeitsfeld sowie eine kurze Beschreibung des berufsbezogenen Kontexts enthält. Des Weiteren enthalten die Deckblätter Graphiken oder Skizzen, die den Schüler*innen helfen sollen, sich besser in die berufliche Sachsituation hineinzuversetzen. Die folgende Abbildung zeigt beispielsweise das Deckblatt zu den Stationen zum Gartenbau. Bei den Stationen zum Gartenbau geht es darum, Umbauten am Außenbereich eines Grundstücks zu planen – die Abbildung zeigt ein dreidimensionales Modell ebendieses Grundstück.

Vorher | Nachher

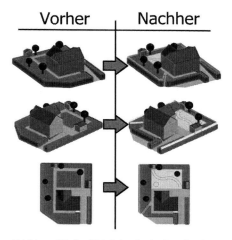

Abbildung 25: Deckblatt der Gartenbau-Stationen

In den Umschlägen befinden sich die Arbeitsblätter zu der Station (in mehrfacher Stückzahl), eine Seite mit Hilfestellungen (einfach vorhanden, in Klarsichtfolie), eine Seite mit den Lösungen (einfach vorhanden, in Klarsichtfolie) und vier der acht Stationen enthalten eine sogenannte Materialliste (einfach vorhanden, in Klarsichtfolie), die für die Bearbeitung der Station relevante Daten enthält. Die Schüler*innen erhalten die Anweisung, jeweils ein Exemplar der Arbeitsblätter zu entnehmen, zu bearbeiten und zu behalten, und die Blätter in Klarsichtfolie zwar zur Bearbeitung zu verwenden, aber nicht zu beschriften und nach abgeschlossener Bearbeitung der Station wieder in den Umschlag zu legen.

Die Arbeitsblätter sind von der äußeren Gestaltung (Schriftart, Überschriften, Formatierungen etc.) gleich gehalten, um das Einfinden in weitere Stationen zu erleichtern. Die Folgende Aufgabe ist dem Arbeitsblatt zur Station „Zaun" (Gartenbau) entnommen[115]:

---

[115] Bei dem Zaun ist es nicht so gut zu erkennen, wie bei den anderen Stationen zum Gartenbau, aber an dem Modell des Hauses auf dem Deckblatt (Abb. 25) ist auf den Nachher-Bildern ein weißer Zaun zu sehen, der das Grundstück eingrenzt.

Aufgabe 1

Macht dem Kunden einen Vorschlag, welche Art von Zaun ihr empfehlen würdet. Auf der Materialliste seht ihr, welche Zäune verfügbar sind. Der Zaun sollte folgende Eigenschaften haben:
- Der Zaun soll etwa 80 cm hoch sein.
- Der Zaun soll nicht aus Holz sein.
- Der Zaun sollte nicht zu teuer sein.
- Der Zaun soll natürlich nicht hässlich sein.

Notiert euch, welchen Zaun ihr gewählt habt!

Abbildung 26: Arbeitsblatt Zaun - Aufgabe 1

An dieser Aufgabe sind einige wiederkehrende Elemente der Stationen zu erkennen. Zum einen muss nicht bei jeder Aufgabe gerechnet werden – einige Aufgaben dienen für die Schüler*innen zunächst als *Einarbeitung* in den Sachkontext und erfordern lediglich die Auseinandersetzung mit dem gegebenen Bild- und Datenmaterial. Wenn bei einer Aufgabe die beiliegende Materialliste herangezogen werden soll, ist das Wort *Materialliste* im Aufgabentext farbig hinterlegt. Die Materialliste selbst ist mit derselben Farbe markiert, um den Umgang mit dem Arbeitsmaterial zu erleichtern. Im Folgenden ist ein für die Bearbeitung von Aufgabe 1 (Abb. 26) benötigter Auszug aus der Materialliste zu sehen:

Materialliste

Bild	Beschreibung	Maße	Preis
	Massiv-Gartenzaun Rahmen aus Stahl, verzinkt sehr robust	Höhe der Zaunelemente: 55 cm Länge der Zaunelemente: 240 cm	Pfosten: 67,00 € Zaunelement: 255,40 €
	Maschendrahtzaun grün verzinkt und kunststoffummantelt	Höhe der Zaunelemente: 150 cm Länge der Zaunelemente: 170 cm	Pfosten: 30,60 € Zaunelement: 25,30 €
	Doppelstabmattenzaun Feuerverzinkt einfache Montage	Höhe der Zaunelemente: 90 cm Länge der Zaunelemente: 251 cm	Pfosten: 24,70 € Zaunelement: 68,10 €

Abbildung 27: Materialliste zum Arbeitsblatt Zaun (Auszug)

Die Liste enthält sechs Einträge, also sechs verschiedene Zäune. Die Liste enthält auch für die Bearbeitung der Aufgaben irrelevante Informationen – auch dies ist ein wiederkehrendes Element einiger Stationen.

Zu der nächsten Aufgabe, die im Folgenden abgebildet ist, gibt es eine Hilfestellung. Ist dies der Fall, steht unter der Aufgabe blau hinterlegt „Hilfe Verfügbar!". Hilfestellungen gibt es zu 13 der insgesamt 20 Aufgaben.

Aufgabe 2

Jetzt müsst ihr planen, wie viele Pfosten und wie viele Zaunelemente ihr braucht. Ein Zaunelement ist das Stück zwischen zwei Pfosten.

Guckt in der Materialliste nach, welche **Länge die Zaunelemente** eures Zaunes haben.

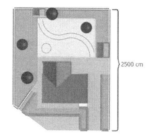

Die erste Seite des Grundstücks ist 2500 cm lang. Berechnet, wie viele Pfosten und wie viele Zaunelemente man für diese Strecke braucht.

Hinweis: Um genau auf 2500 cm zu kommen, muss man das letzte Zaunelement oft kürzer sägen.

Hilfe Verfügbar!

Abbildung 28: Arbeitsblatt Zaun - Aufgabe 2

Aufgabe 2 (Abb. 28) ist ein repräsentatives Beispiel dafür, dass der Aufgabentext meist verhältnismäßig lang ist. Dies lässt sich schwer vermeiden, wenn die Authentizität des Berufsbezugs nicht beeinträchtigt werden soll. Zur Unterstützung gibt es zu 14 der 20 Aufgaben ein Bild, ein Diagramm etc., das den Aufgabentext begleitet. Die folgenden Abbildungen zeigen die Hilfestellung, die zur Bearbeitung von Aufgabe 2 (Abb. 28) geboten wird, sowie die Lösung der Aufgabe:

Hilfestellungen

Aufgabe 2

Zeichnet als erstes eine 25 cm lange Strecke.

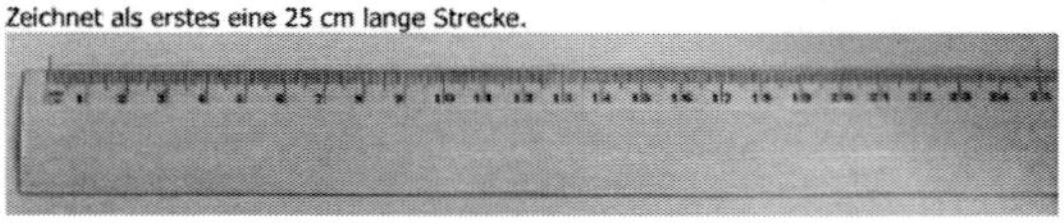

Der Maßstab ist jetzt 1:100.

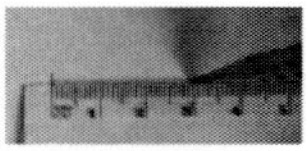

Das heißt, ein 300 cm langes Zaunelement muss 3 cm lang gezeichnet werden. (Vorsicht, je nachdem welchen Zaun ihr in Aufgabe 1 ausgewählt habt, kann die Länge der Zaunelemente bei euch anders sein!)

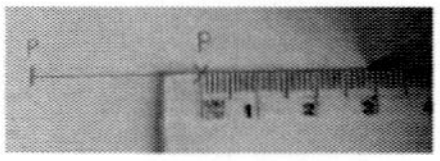

Am Anfang und nach jedem Zaunelement muss ein Pfosten gesetzt werden. Nach dem Pfosten messt ihr wieder ein Zaunelement ab und markiert den nächsten Pfosten.

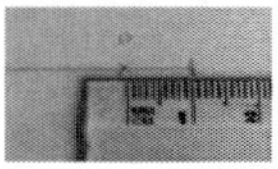

Am Ende passt kein ganzes Zaunelement mehr. Das ist aber nicht schlimm, man muss das Zaunelement dann kürzer sägen. Man muss es am Ende aber trotzdem als ganzes Zaunelement mitzählen!

Am Ende könnt ihr dann ganz leicht abzählen, wie viele Pfosten und Zaunelemente ihr braucht.

Abbildung 29: Hilfestellungen zum Arbeitsblatt Zaun (Auszug)

Lösungen

Aufgabe 2

Hier kommt es bei der Lösung darauf an, für welchen Zaun ihr euch bei Aufgabe 1 entschieden habt.

Palisadenzaun:
Länge der Zaunelemente:	185 cm
Anzahl der benötigten Zaunelemente:	14
Anzahl der benötigten Pfosten:	15

Doppelstabmattenzaun:
Länge der Zaunelemente:	251 cm
Anzahl der benötigten Zaunelemente:	10
Anzahl der benötigten Pfosten:	11

Doppelstabmattenzaun (gewellt):
Länge der Zaunelemente:	190 cm
Anzahl der benötigten Zaunelemente:	14
Anzahl der benötigten Pfosten:	15

Abbildung 30: Lösungen zum Arbeitsblatt Zaun (Auszug)

Es wurde darauf abgezielt, dass alle Stationen einen ähnlichen Schwierigkeitsgrad haben. Auch Hilfestellungen und Lösungen sind bezüglich ihres Umfangs, der Ausführlichkeit etc. für alle Stationen vergleichbar.

6.4 Didaktische Reflexion

Zunächst ist es wichtig zu betonen, dass die Unterrichtsstunde als Festigungsstunde konzipiert wurde und als Erarbeitungsstunde eher ungeeignet wäre. Da die ZAP-Kurse mitunter eigens zur Festigung der im Regelmathematikunterricht behandelten Themen eingeführt wurden, ist dieser Zugang durchaus berechtigt.

Die Auswahl der Lernziele hängt sehr eng mit den in Abschnitt 3.3 formulierten Hypothesen über Ansatzpunkte zur Motivationssteigerung zusammen. Um diese Hypothesen angemessen überprüfen zu können, muss die Unterrichtsstunde die Erfahrung bieten, Mathematik als lebensweltlich bzw. beruflich bedeutsam zu Erleben (Vgl. H1 und L_B1). Die Schüler*innen sollen im selbstständigen Arbeiten eine Herausforderung sehen (Vgl. H2 und $L_Ü$1, $L_Ü$2) und zuletzt sollen die Schüler*innen Mathematik als etwas praktisch Anwendbares erleben, das ihr späteres Berufsleben beeinflussen kann (Vgl. H3 und L_L1, L_L2, L_L3).[116] Die so konstruierten Lernziele lassen sich leicht mit dem überspannenden Lernziel des ZAP-Kurses – Wiederholung des regulären Schulstoffs – verbinden (Vgl. L_L1).

An den Lernzielen der Unterrichtsstunde ist auffällig, dass selbst den leistungsbezogenen Lernzielen kein spezifischer fachlicher Inhalt zugeordnet ist. Natürlich ist der Rahmen der innerhalb der Stunde zu behandelnden mathematischen Inhalte festgelegt, er ist jedoch sehr breit und kann je nach Wahl der Aufgaben sehr individuell ausfallen. Die Auswahl der möglichen zu behandelnden mathematischen Inhalte beläuft sich auf folgende Themen: Division mit Rest; proportionale Zusammenhänge; Terme und Variablen; Gleichungen; Ungleichungen; Flächeninhalt von Kreisen, Dreiecken und Rechtecken; Punkte im Koordinatensystem; Umfang eines Kreises; Prozentrechnung; Säulen- und Kreisdiagramm; Winkelsätze. Der Fokus liegt jedoch darauf, die Schüler*innen üben zu lassen, mathematisches Wissen in neue, berufsbezogene Kontexte zu übertragen und anzuwenden – nicht auf einem bestimmten mathematischen Inhaltsfeld. In besonderem Maße sollen die Kompetenzen der Schüler*innen in den Bereichen *Problemlösen* und *Mathematische Darstellungen verwenden* geschult werden.

Prinzipiell ist es nicht unüblich, Schüler*innen in der Festigungsphase einer Unterrichtsreihe verschiedene Inhalte nach Bedarf oder Interesse bearbeiten zu lassen. Dabei

---

[116] Die Hypothese H4 (Motivationssteigerung durch erhöhten Eigenanreiz der Tätigkeit) lässt sich schwer in ein Lernziel übersetzen, da Eigenanreiz schwer von außen erzeugt werden kann.

ergibt sich allerdings zwangsläufig ein Konflikt zwischen dem Grad der Individualisierung des Lernangebots und der *Kompaktheit* der Stunde. Beispielsweise ist eine abschließende Ergebnissicherung im Plenum schwierig oder sehr zeitaufwändig, wenn sich viele Schüler*innen nicht mit den gleichen Lerngegenständen beschäftigt haben. Die Entscheidung, für die hier dargelegte Unterrichtsstunde ein stark individuelles Lernangebot bereitzustellen, hat mehrere Gründe: Zunächst sollen sich die Schüler*innen mit einem Beruf ihrer Wahl beschäftigen können und bei Interesse auch verschiedene Anwendungsfelder innerhalb des Berufs erkunden können. Des Weiteren ist der Aspekt der Selbstständigkeit ein wichtiger Bestandteil berufspraxisorientierten Arbeitens. Um also zu vermeiden, dass Schüler*innen anspruchsvollere Aufgaben in dem Wissen, dass am Ende sowieso alles im Plenum aufbereitet wird, vermeiden, wurde sich für diese sehr individuelle, interessendifferenzierte Unterrichtsführung entschieden.

Hierin besteht natürlich auch ein potentieller Schwachpunkt der Stunde. Ohne kompakte inhaltliche Zusammenführung bzw. Aufbereitung des Erarbeiteten am Ende der Stunde, wird es wie gesagt erschwert, den Lernerfolg der Schüler*innen zu überblicken. Die in den Stationen enthaltenen Hilfestellungen, die Lösungen zur Selbstkontrolle, sowie der kurze Austausch mit der Lehrkraft nach dem Beenden und vor dem Beginn einer neuen Station sollen gewährleisten, dass ein ausreichendes Bild über den Lernerfolg der Schüler*innen entsteht. Auch der Fragebogen, den die Schüler*innen zum Ende der Stunde ausfüllen, erfüllt mitunter den Zweck, in Erfahrung zu bringen, inwieweit die Schüler*innen ihre Lernziele erreicht haben, und welche Inhalte in den Folgestunden aufgearbeitet werden müssen (Siehe Frage 2.14).

Eine Chance, die im Rahmen des Projekts leider nicht wahrgenommen werden konnte, war die Stationen strategisch anhand der inhaltsbezogenen Stärken und Schwächen der Schüler*innen zu verteilen. Hierzu hätten die inhaltlichen Stärken und Schwächen der Schüler*innen genau bekannt sein müssen – diese waren jedoch selbst Herr S und Herr C nicht genau bekannt, da die ZAP Kurse zum Zeitpunkt des Projekts erst vor wenigen Wochen zusammengesetzt wurden. Ein Gespräch mit den Kurslehrern des regulären Mathematikunterrichts war aus organisatorischen Gründen nicht möglich.

Bezüglich des Unterrichtseinstiegs soll auf drei der wichtigsten Funktionen eingegangen werden: Der Einstieg soll die Schüler*innen über die Struktur und die Ziele der bevorstehenden Stunde aufklären; er soll Interesse für das Stundenthema schaffen und die Lerngruppe aktivieren; und er soll das Vorwissen der Schüler*innen reaktivieren.[117]

---

[117] Vgl. Geuther, 2020, S. 61

Die Zielorientierung, Zielangabe, sowie die Struktur der Stunde wird den Schüler*innen im Rahmen des Einstiegs sehr deutlich aufgezeigt. Auch aus den vorherigen Stunden ist den Schüler*innen das grobe Konzept der Stunde bereits bekannt. Interesse für die Stunde soll durch die Nähe zum realen Berufsleben erzeugt werden. Während des Einstiegs wird den Schüler*innen berichtet, dass die kommenden Aufgaben direkt aus Gesprächen mit Personalleitern, Geschäftsführern und Inhabern ausbildender Betriebe heraus entwickelt wurden. Die Möglichkeit zur Wahl des zu bearbeitenden Berufs und die Wahl eines berufsspezifischen Anwendungsgebiets sollen zusätzlich Interesse schaffen. Vorwissen wird im Rahmen des Einstiegs zugegebenermaßen nicht reaktiviert, allerdings ist dies unter den gegebenen Umständen auch schwer sinnvoll umzusetzen, da die Schüler*innen für die unterschiedlichen Stationen verschiedenes Wissen benötigen. Eine Reaktivierung hätte bezüglich der Prozentrechnung sinnvoll sein können – diese findet sich nicht in allen, aber in vielen Stationen wieder – Gleiches gilt für die Division mit Rest bzw. Probleme der Form „Wie viel von … passt in …?". Letztendlich wurde allerdings die Entscheidung getroffen, dies zugunsten von mehr selbstständiger Arbeitszeit auszulassen. Bemängelt werden kann an dem Einstieg, dass dieser sehr Lehrerzentriert ist, was sich negativ auf die (im schlimmsten Fall ausbleibende) Aktivierung der Schüler*innen auswirken kann. Mit einigen kurzen Plenumsfragen wie *„Was denkt ihr denn? – Braucht man Mathe wirklich im Beruf?"* oder *„Hat sich jemand schon einmal überlegt, später in einem der hier vorgestellten Berufsfelder zu arbeiten?"* soll dieses Risiko vermindert werden.

Während der Erarbeitungsphase sollen die Schüler*innen die vorgesehenen Lernziele erreichen. Da sich einige Lernziele – insbesondere die überfachlichen Lernziele – auf das selbstständige Arbeiten beziehen, bot sich die Methode der Stationsarbeit an. Es wurde sich auch deswegen für eine Stationsarbeit entschieden, weil diese Methode die Möglichkeit zur Interessendifferenzierung bietet. Die Schüler*innen können also Aufgaben zu dem Beruf bearbeiten, der ihnen am interessantesten erscheint. Da eine Methode gesucht wurde, die diese beiden Kriterien erfüllt, ergab sich die Stationsarbeit schon fast zwangsläufig. Gruppenarbeiten oder Methoden mit wechselnden Arbeits-partner*innen waren coronabedingt nicht möglich, daher gab es keine wirklich praktische Alternative zur Stationsarbeit. Die Sozialform der Partnerarbeit wurde gewählt, damit die Schüler*innen eine zusätzliche Ansprechperson bei der Bearbeitung haben. Klarer Nachteil ist natürlich, dass sich das Schüler*innenpaar auf *einen* Beruf festlegen muss. Es schien allerdings vor allem auch in Anbetracht der Vielzahl an Schüler*innen mit Sprachproblemen sinnvoll, dies in Kauf zu nehmen. Außerdem ist es zeitlich vorgesehen, mindestens zwei Stationen zu bearbeiten, weshalb durchaus beide Partner*innen eine Station zu ihrem Lieblingsberuf bearbeiten können.

Differenzierung wird während der Arbeitsphase insofern angeboten, dass die Schüler*innen selbst entscheiden können, zu welchem Ausmaß sie die bereitgestellten Hilfen und Lösungen nutzen wollen. Eine vorab geplante Differenzierung, die an die Stärken und Schwächen der einzelnen Schüler*innen angepasst ist, ist wie zuvor erwähnt deswegen nicht möglich, da in der gegebenen Zeit nicht genügend diesbezügliche Informationen über die Lerngruppe in Erfahrung gebracht werden konnten. Allerdings kann eine individuelle Differenzierung stattfinden, sobald im Unterricht auf Grundlage der Bearbeitung der ersten Station ein Eindruck über die Fähigkeiten der Schüler*innen entsteht. Dann kann die nächste Station gezielt so vergeben werden, dass sie zu den entsprechenden Schüler*innen passt – sei dies bezüglich des Schwierigkeitsgrades oder der behandelten Inhalte.

Die Ergebnissicherung erfolgt durch die selbstständige Kontrolle mit den beiliegenden Lösungen, dem an die Bearbeitung einer Station anschließenden Austausch mit der Lehrperson, sowie der Auswertung der Fragebögen.

7. Reflexion der Unterrichtsstunde

7.1 Reflexion der Durchführung

Beide Unterrichtsstunden begannen ohne besondere Auffälligkeiten. Die Schüler*innen waren zu Stundenbeginn bereits im Raum. Die Begrüßung nahm nicht zu viel Zeit in Anspruch und der Unterrichtseinstieg konnte auch planmäßig durchgeführt werden.

Bezüglich des Stundeneinstiegs wurde die Vermutung aufgestellt, der berufspraktische Kontext der Stunde sei ausreichend, um die Schüler*innen für die Stunde zu aktivieren und Interesse zu schaffen. Dies lässt sich nun anhand der Ergebnisse der Fragebögen, insbesondere der Antworten auf Frage 2.6 beantworten. Wird die Strecke durch eine Zahlenskala über dem Intervall [-1, 1] ergänzt, so liegt das arithmetische Mittel der Schüler*innenantworten auf diese Frage bei 0,31 mit einer Standardabweichung von 0,47.

Abbildung 31: Auswertung Frage 2.6

Dies legt nahe, dass die Stunde für den Großteil der Schüler*innen tatsächlich bereits ohne weiteres Zutun ansprechend genug erschien, um aktiv am Unterricht teilzunehmen. Die Unterrichtsbeobachtungen spiegeln das wider. Die Schüler*innen schienen insbesondere zu Beginn der Stunde sehr engagiert. Zum Vergleich: Im Nachhinein fanden die Schüler*innen die Stunde leicht interessanter, als im Voraus.

Abbildung 32: Auswertung Frage 2.7

Mit der Methode der Stationsarbeit hatten die Schüler*innen keine Probleme. Alle Anweisungen und Hinweise, die vor der Arbeitsphase gegeben wurden, wurden in beiden Kursen sorgfältig beachtet. Bezüglich des methodisch-technischen Ablaufs der Stunde gab es in beiden Kursen keine Probleme oder Unterbrechungen. Auch die Arbeit mit einer Partner*in stellte für die Schüler*innen kein Problem dar. In vielen Fällen wurde beobachtet, wie sich die Schüler*innen gegenseitig unterstützen. Missverständnisse gab es lediglich in zwei Fällen bei den Fragebögen: Schüler*innen kreisten jeweils nur die Begriffe an den extremen Enden der Skala ein, anstatt Markierungen zu setzen.

Den Schwierigkeitsgrad der Aufgaben hielten die Schüler*innen laut der Ergebnisse der Fragebögen für angemessen, die Mehrheit der Schüler*innen hielt die Aufgaben tendenziell eher für leicht, als für schwer. Der Mittelwert[118] der Antworten beträgt -0,16 und die Standardabweichung 0,38.

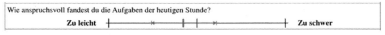

Abbildung 33: Auswertung Frage 2.4

Aus dem Vergleich mit Frage 1.5 geht hervor, dass die Schüler*innen den Mathematikunterricht für gewöhnlich als schwerer wahrnehmen.

Abbildung 34: Auswertung Frage 1.5

Dass die Schüler*innen die Schwierigkeit der Aufgaben moderat einschätzen, ist sehr erfreulich. In der Unterrichtsstunde gab es insbesondere im Kurs von Herrn C (vermutlich aufgrund des höheren Anteils an Schüler*innen mit Sprachschwierigkeiten) einzelne Schüler*innen, die nicht in der Lage waren, ihre erste Station zu beenden. Entsprechende Ausreißer bei der Beantwortung der Frage 2.4 in Richtung „zu schwer" blieben allerdings aus. Womöglich stuften diese Schüler*innen den Schwierigkeitsgrad der Aufgaben als angemessen ein, hielten aber ihr eigenes Können oder Wissen für unzureichend. Von den beobachteten Einzelfällen abgesehen, schienen die Schüler*innen die Aufgaben gut bewältigen zu können. Die bereitgestellten Hilfestellungen wurden recht häufig genutzt, in einigen Fällen benötigten Schüler*innen aber noch zusätzliche Hilfe von einer Lehrkraft. Sprachlich waren die Schüler*innen mehrheitlich in der Lage die Aufgaben zu verstehen – Ausnahmen hierzu gab es lediglich in zwei Fällen, in denen Schüler*innen intensive Hilfe beim Verständnis der Aufgaben benötigten. Das Bildmaterial erwies sich in diesem Zusammenhang als sehr hilfreiche Unterstützung.

Mit 60 Minuten war die Arbeitsphase sehr lang. Hier bestand potenziell die Gefahr, die Schüler*innen zu langweilen oder zu überfordern. Frage 2.10 zeigt, wie die Selbst-

---

[118] Wenn im Folgenden keine nähere Erläuterung gegeben wird, ist das arithmetische Mittel gemeint.

einschätzung der Schüler*innen diesbezüglich ausfällt. Die Schüler*innen haben die Frage, *„wie schwer es ihnen fiele, bei der Sache zu bleiben"*, im Mittel mit -0,60 und einer Standardabweichung von 0,39 beantwortet.

Abbildung 35: Auswertung Frage 2.10

Die Schüler*innen haben die Arbeitsphase mit einer lobenswerten Konzentration aktiv zur Auseinandersetzung mit dem Arbeitsmaterial genutzt. Das Umfrageergebnis fällt sogar leicht positiver aus, als der durch die Beobachtung entstandene Eindruck. Bei einigen Schüler*innen lies das Arbeitstempo insbesondere in den letzten 10 Minuten der Arbeitsphase deutlich nach. Die Mehrheit der Schüler*innen schien allerdings kein Problem damit zu haben, sich die gesamte Arbeitszeit über – evtl. mit kurzen Pausen – mit dem Material zu beschäftigen. In Zusammenhang mit dem insgesamt sehr positiven Feedback zu der Stunde kann davon ausgegangen werden, dass die meisten Schüler*innen die Länge der Arbeitsphase nicht in ausschlaggebendem Ausmaß als negativ empfanden.

Das Ende der Stationsarbeit verlief weitgehend reibungslos. In einzelnen Fällen hatte ein Schüler*innenpaar einige Minuten vor Ende der Arbeitsphase eine Station beendet, sodass es sich für dieses Paar nicht lohnte, sich in eine weitere Station einzuarbeiten. Mit Ausnahme dessen verlief das Ende der Stunde planmäßig. Die Bearbeitung der Fragebögen nahm wenig Zeit in Anspruch, da die Schüler*innen mit dem Aufbau der Fragebögen bereits vertraut waren.

Mit der Situation, von einer neuen Lehrperson unterrichtet zu werden, hatten die Schüler*innen offenbar keine Probleme, zumindest konnten dahingehend keine Auffälligkeiten beobachtet werden. Die Auswertung von Frage 1.13 (Einfluss des Lehrers auf die Anstrengung) ist damit uninteressant. Die Schüler*innen haben die Unterrichtsstunde ernstgenommen. Dies deutet sich auch durch die Antworten auf Frage 2.9 an.

Abbildung 36: Auswertung Frage 2.9

Optimiert werden kann die Stunde dadurch, dass die Stationen so konzipiert werden, dass der Schwierigkeitsgrad stärker variiert. Die Unterrichtsbeobachtungen legen nahe, dass die Option zur Inanspruchnahme von Hilfestellungen in einigen Fällen keine optimale Differenzierung darstellte. Denkbar wäre zum Beispiel, zu jeder Station (oder zumindest zu jedem Beruf) eine leichte, mittlere und schwere Version anzubieten. Hierdurch könnte zunehmend gewährleistet werden, dass jede Schüler*in in der Lage ist, das Lernangebot wahrzunehmen, und dass für leistungsstarke Schüler*innen angemessene Herausforderungen bestehen. Außerdem wird so zunehmend sichergestellt, dass die Schüler*innen nicht aufgrund zu hoher oder zu niedriger Anforderungen frustriert werden. Es wäre zudem sinnvoll gewesen, mehr freiwillige (schwierige) Aufgaben in die Stationen einzubinden. Bei einigen Stationen wurde dies bereits berücksichtigt, jedoch nicht bei allen. Derartige Sonderaufgaben hätten sich zum Ende der Arbeitsphase gut als Beschäftigung für Schüler*innenpaare geeignet, die sich nicht mehr zeitlich sinnvoll mit einer neuen Station befassen können.

7.2 Umsetzung der Lernziele

Die leistungsbezogenen Lernziele bestehen darin, vorhandenes mathematisches Wissen zu reaktivieren und in berufspraxisorientierten Kontexten anzuwenden (L_L1); darin, der schriftlichen und graphischen Schilderung eines berufsbezogenen Problems zu entnehmen, welches Ergebnis erbracht werden soll (L_L2); und die Schüler*innen sollen in der Lage sein, Lösungen für Probleme zu finden, bei denen keine klare Lösungsstrategie vorgegeben ist (L_L3).

Das Lernziel L_L1 wurde zu einem gewissen Grad von allen Schüler*innen erreicht. Manchen Schüler*innen waren bei der Reaktivierung ihres Wissens auf die Hilfestellungen oder die Hilfe der Lehrkraft angewiesen. Jedoch waren alle Schüler*innen in der Lage, den mathematischen Anforderungen zumindest einiger Aufgaben nachzukommen – das geht aus den Unterrichtsbeobachtungen hervor. Das Lernziel L_L2 wurde von dem Großteil der Schüler*innen erreicht. Es gab Einzelfälle, in denen Schüler*innen ohne die Unterstützung der Lehrkraft nicht in der Lage waren, die Aufgaben zu verstehen. In den jeweiligen Fällen war dies auf Schwierigkeiten mit der deutschen Sprache zurückzuführen. Die meisten Schüler*innen hatten jedoch keine Probleme, den Aufgaben zu entnehmen, welche Leistung erbracht werden soll. In vielen Fällen waren einzelne Wörter nicht bekannt, oder die Schüler*innen brauchten die Bestätigung, dass sie die Aufgabe richtig verstanden haben. In den meisten dieser Fälle kann jedoch nicht darauf geschlossen werden, dass das Lernziel L_L2 verfehlt wurde. Bei sehr vielen Aufgaben ist keine klare Lösungsstrategie vorgegeben – jede Station enthält mindestens eine solche Aufgabe. Der Problemlöse-Aspekt dieser Aufgaben kann umgangen werden, indem die Hilfestellungen in Anspruch genommen werden – diese bieten in den meisten Fällen eine klare Lösungsstrategie, die die Schüler*innen dann lediglich noch durchführen müssen. Viele Schüler*innen griffen auf diese Hilfestellungen zurück, bzw. erhielten vergleichbare Unterstützung durch die Lehrkraft. Es gab Schüler*innengruppen, die die offeneren Aufgaben ohne Hilfen bewältigen konnten, diese waren jedoch in der Unterzahl. Den Unterrichtsbeobachtungen nach kann von etwa einem Drittel der Schüler*innen behauptet werden, sie hätten das Lernziel L_L3 erreicht. Der Rest der Schüler*innen dürfte allerdings insofern einen Lernzuwachs erlebt haben, dass sie sich mit Problemlöse-Aufgaben auseinandergesetzt haben und nun besser mit derartigen Aufgaben vertraut sind – auch wenn sie diese noch nicht selbst bewältigen konnten.

Die für die Stunde vorgesehenen überfachlichen Lernziele bestehen darin, dass die Schüler*innen über die nötige Selbstorganisation verfügen, um das Lernangebot gewissenhaft wahrzunehmen ($L_Ü1$), und dass sie in der Lage sind, mit einer Partner*in zu arbeiten ($L_Ü2$). Das Lernziel $L_Ü2$ wurde von nahezu allen Schüler*innen erfüllt – bei einzelnen Schüler*innen kann keine Aussage über das Lernziel getroffen werden, da die Sitznachbar*in nicht anwesend war. Die Beobachtungen im Unterricht zeigten, dass sich die Schüler*innen nicht gegenseitig ablenkten, sondern sich regelmäßig gegenseitig unterstützen. Bezüglich des Lernziels $L_Ü1$ waren auch fast alle Schüler*innen erfolgreich – auf die ausgenommenen Einzelfälle wurde bereits in Abschnitt 7.1 eingegangen. Dafür, dass die Schüler*innen den Anforderungen an das selbstständige Arbeiten gut nachkommen konnten, sprechen auch die folgenden Ergebnisse des Fragebogens:

Abbildung 35: Auswertung Frage 2.10

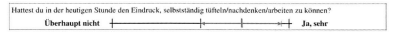

Abbildung 37: Auswertung Frage 2.8

Zuletzt sollten die Schüler*innen noch ein berufsbildungsspezifisches Lernziel erreichen, nämlich zu lernen, dass die mathematischen Kenntnisse der Sekundarstufe I für die Bewältigung berufsalltäglicher Probleme durchaus gebraucht werden (L_B1). Um zu beurteilen, inwiefern dieses Lernziel erfüllt wurde, sollen die folgenden Ergebnisse des Fragebogens betrachtet werden:

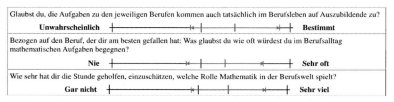

Abbildung 38: Auswertung Fragen 2.2, 2.3 und 2.12

Die Schüler*innen beantworteten die entsprechenden Fragen eher positiv, jedoch liegt bei jeder Frage auch ein gewisser Teil der 1-Standardabweichungsumgebung im negativen Bereich der Skala. Vor allem bezüglich der Frage 2.3 (Häufigkeit mathematischer Probleme im Berufsalltag) ist dies nachvollziehbar – gerade in den vorgestellten Ausbildungsberufen kommen zwar Probleme auf, deren Lösung mathematisches Arbeiten erfordert, oder die durch Anwendung mathematischer Strategien zumindest erleichtert werden, jedoch ist dies nicht durchgängig der Fall. Die Antwortergebnisse zu den Fragen 2.2 und 2.12 zeigen, dass der berufliche Anwendungskontext der Aufgaben im Rahmen der gegebenen Möglichkeiten offenbar gut zur Geltung kam und von den Schüler*innen auch entsprechend wahrgenommen wurde. Eine perfekte Simulation berufspraktischer Probleme ist allerdings nicht gelungen. Verbessern lässt sich dieser Aspekt womöglich durch das Einbeziehen konkreter praktischer, handwerklicher Tätigkeit. Hierdurch vergrößert sich der zeitliche und materielle Aufwand der Stunde um ein Vielfaches, jedoch wäre es für die Schüler*innen vermutlich sehr förderlich, wenn Sie eines der in den Stationen geplanten Objekte oder ein entsprechendes Modell selbst herstellen würden. Eventuell könnten Schüler*innen auch, sofern es die Umstände erlauben, Veränderungen am Schulgarten planen und durchführen, die Betriebskosten der Mensa berechnen oder dergleichen. In Anbetracht dessen, was in einer Doppelstunde realistisch umsetzbar ist, haben die Schüler*innen das Lernziel L_B1 jedoch in gutem Ausmaß erreicht. Dies kann mit Ausnahme von zwei Schüler*innen behauptet werden – es gab zwei Schüler*innen, die bei mindestens zwei der in Abbildung 38 aufgeführten Fragen (2.2, 2.3 und 2.12) eine stark negative Antwort gegeben haben.

7.3 Zusammenfassung

Die Unterrichtsstunde verlief insgesamt sehr positiv. Organisatorisch konnte die Stunde wie geplant durchgeführt werden. Die Methode der Stationsarbeit, die Sozialform sowie der Stil und der Schwierigkeitsgrad der Aufgaben waren für den Großteil der Lerngruppe angemessen. Die Rückmeldung der Schüler*innen fiel ebenfalls extrem positiv aus:

Abbildung 39: Auswertung Frage 2.5

Die vorgesehenen Lernziele wurden von den Schüler*innen in zufriedenstellendem Umfang erreicht. Die Rückmeldung der beiden Lehrkräfte fiel auch sehr positiv aus, beiden fiel positiv auf, wie lange und gewissenhaft sich die Schüler*innen mit dem Arbeitsmaterial beschäftigten. Herr S bat mich außerdem im Anschluss an die Stunde, ihm das Unterrichtsmaterial für die Verwendung in anderen Kursen zukommen zu lassen.

Für die Beantwortung der Forschungsfrage, inwiefern Berufspraxisorientierung die Motivation für den Mathematikunterricht verbessern kann, sind dies gute Voraussetzungen. Nun kann nämlich davon ausgegangen werden, dass aus den Umfrageergebnissen tatsächlich Aussagen über die Wirkung der Berufspraxisorientierung gewonnen werden können, da es eben keine. Dadurch, dass in der Unterrichtsstunde keine größeren Probleme aufgrund von in der Forschungsfrage nicht mitinbegriffenen Störfaktoren auftraten, liefern die Ergebnisse eine klarere Aussage.

8. Auswertung der Untersuchungsergebnisse

8.1 Auswertung bezüglich der Forschungsfrage und der Hypothesen

Inwiefern kann nun Berufspraxisorientierung die Motivation für den Mathematikunterricht verbessern? Haben die Schüler*innen in der berufsorientierten Unterrichtsstunde überhaupt mehr motiviertes Verhalten gezeigt, als sonst? Und falls ja – warum?

Eine Aussage darüber, ob die Schüler*innen in der berufsbezogenen Unterrichtsstunde mehr motiviertes Verhalten gezeigt haben als sonst, lässt sich aus einem Vergleich der Antworten auf die Frage 1.6 (Wie sehr strengst du dich für gewöhnlich im Mathematikunterricht an?) des ersten Fragebogens und die Frage 2.10 (Fiel es dir schwer, in der heutigen Stunde bei der Sache zu bleiben?) des zweiten Fragebogens gewinnen. Wie zuvor wurden den Skalen die Werte zwischen -1 und 1 zugeordnet. Die Skala wurde bei Frage 2.10 invertiert, damit die positiven Zahlenwerte bei beiden Fragen für eine positiv ausgeprägte Motivation sprechen. Anschließend wurde für jede Schüler*in die Differenz beider Werte berechnet: Eine Positive Differenz spricht dafür, dass die Motivation, also die Bereitschaft sich anzustrengen, in der berufspraxisorientierten Stunde höher war, als gewöhnlich. Die Ergebnisse sind in der folgenden Tabelle zusammengestellt.

*Tabelle 2: Motivationsentwicklung der Schüler*innen*

	Motivation stark verschlechtert	Motivation leicht verschlechtert	Motivation nahezu unverändert	Motivation leicht verbessert	Motivation stark verbessert
Differenz	< -0,6	[-0,6; -0,2)	[-0,2; 0,2]	(0,2; 0,6]	> 0,6
Anzahl der Schüler *innen (absolut)	1	3	6	10	10
Anteil der Schüler* innen[119] (relativ)	3,3%	10%	20%	33,3%	33,3%

Hierbei ist außerdem relevant, dass fünf der sechs Schüler*innen mit nahezu unveränderter Motivation mit ihrer Angabe wie sehr sie sich im Unterricht anstrengen würden, bereits über dem Mittelwert der Befragten lagen. Die Motivation dieser Schüler*innen ist also nahezu unverändert hoch geblieben, nicht etwa unverändert niedrig.

---

[119] Die relativen Anteile beziehen sich auf die Grundmenge der Schüler*innen, die an der Unterrichtsstunde teilgenommen, und beide Fragebögen ausgefüllt haben.

In Kapitel 3 wurden Hypothesen bezüglich möglicher Wirkungsmechanismen aufgestellt, die zur Verbesserung der Motivation führen könnten. Diese Hypothesen sollen im Folgenden vor dem Hintergrund der Befragungsergebnisse betrachtet werden. Diesbezüglich soll vorab nochmals betont werden, dass die hier durchgeführten Untersuchungen natürlich nicht ausreichen, um die aufgestellten Hypothesen allgemeingültig zu bestätigen oder zu widerlegen. Dies kann, vor allem in Anbetracht der geringen Anzahl an Untersuchungsteilnehmern, nicht geleistet werden, und ist auch nicht der Anspruch. Es soll lediglich diskutiert werden, ob die Hypothesen im Falle der hier aufgenommenen Untersuchungsergebnisse plausibel erscheinen. Rückschlüsse auf die repräsentative Mehrheit der Schüler*innen können nicht gezogen werden – höchstens Vermutungen angestellt werden. Unter Umständen können die im Folgenden dargestellten Ergebnisse jedoch als Anlass für empirische Untersuchungen dienen.

Die erste Hypothese (H1) besagt, dass Schüler*innen mit ausgeprägtem Lebenszweckmotiv im berufspraxisorientierten Unterricht motivierter sind, weil sie im Unterricht die Gelegenheit haben, für die Zukunft bedeutsame Fähigkeiten zu erlernen. Wenn aus den Befragungsergebnissen hervorgeht, dass eine Schüler*in Leistungen im Fach Mathematik in einem ähnlichen Ausmaß für wichtig hält, wie sie auch die Relevanz von Mathematik für das spätere Leben einschätzt, wird davon ausgegangen, dass diese Schüler*in ein ausgeprägtes Lebenszweckmotiv hat. Die genaue Klassifizierung verläuft wie folgt:

Ist der Betrag der Differenz der zugehörigen numerischen Werte der Antworten auf die Fragen 1.4 (wie wichtig sind Leistungen) und 1.11 (wie wichtig ist Mathematik für den Alltag) klein (< 0,3) **oder** ist der Betrag der Differenz für die Fragen 1.4 und 1.12 (wie wichtig ist Mathematik für den Beruf) klein (< 0,3), wird der Schüler*in ein ausgeprägtes Lebenszweckmotiv zugesprochen.

Für die angepasste Grundmenge an Schüler*innen (N^1), die nach den eben beschriebenen Kriterien ein ausgeprägtes Lebenszweckmotiv haben, wird nun der Einfluss der berufspraxisorientierten Unterrichtsstunde auf die Motivation betrachtet. Anschließend erfolgt der Vergleich mit den auf die unveränderte Grundmenge (N^0) bezogenen Ergebnisse.

Tabelle 3: Motivationsentwicklung der Gruppe N[1]

	Motivation stark verschlechtert	Motivation leicht verschlechtert	Motivation nahezu unverändert	Motivation leicht verbessert	Motivation stark verbessert
Differenz	< -0,6	[-0,6; -0,2)	[-0,2; 0,2]	(0,2; 0,6]	> 0,6
Anzahl der Schüler *innen (N[1])	0	0	0	5	6
Anteil der Schüler* innen (N[1])	0%	0%	0%	45,5%	54,5%
Anteil der Schüler* innen (N[0])	3,3%	10%	20%	33,3%	33,3%

Die Ergebnisse legen nahe, dass der Effekt der Motivationssteigerung bei Schüler*innen mit ausgeprägtem Lebenszweckmotiv in besonderem Maße eintrat. Mit den Ergebnissen muss allerdings sehr vorsichtig umgegangen werden – die geringe Anzahl der Untersuchungsteilnehmer schwächt die Aussagekraft. Des Weiteren hat das Auswertungsverfahren einige Schwachpunkte: Schüler*innen wird ein ausgeprägtes Leistungsmotiv zugesprochen, wenn die empfundene Relevanz von Mathematik in etwa dem zugesprochenen Wert mathematischer Leistungen entspricht. Hierbei wird aber beispielsweise nicht berücksichtigt, dass diese Werte zufällig, oder aufgrund anderer Zusammenhänge korrelieren können. Unter Berücksichtigung dieser Umstände, sprechen die Ergebnisse dennoch dafür, dass Hypothese H1 plausibel ist.

Mit Hypothese H2 wurde die Vermutung formuliert, dass Schüler*innen mit ausgeprägtem Selbstverwirklichungsmotiv im berufspraxisorientierten Unterricht mehr Motivation zeigen, weil ihnen die Gelegenheit geboten wird, selbstständig zu arbeiten. Um dies zu überprüfen wird erneut die Verteilung der Motivationsentwicklung für eine eingeschränkte Schüler*innengruppe betrachtet. Im Folgenden werden diejenigen Schüler*innen betrachtet, die angaben, in der Unterrichtsstunde selbstständig gearbeitet zu haben (>0,3 als Antwort auf Frage 2.8), **oder** die angaben, in der Stunde selbstständiger gearbeitet zu haben, als sie es für gewöhnlich im Unterricht können (diff. > 0,3 bei den Antworten auf die Fragen 2.8 und 1.7). Für die eingeschränkte Grundmenge wird das Zeichen „N[2]" verwendet.

Tabelle 4: Motivationsentwicklung der Gruppe N^2

	Motivation stark verschlechtert	Motivation leicht verschlechtert	Motivation nahezu unverändert	Motivation leicht verbessert	Motivation stark verbessert
Differenz	< -0,6	[-0,6; -0,2)	[-0,2; 0,2]	(0,2; 0,6]	> 0,6
Anzahl der Schüler *innen (N^2)	0	1	3	8	7
Anteil der Schüler* innen (N^2)	0%	5,3%	15,8%	42,1%	36,8%
Anteil der Schüler* innen (N^0)	3,3%	10%	20%	33,3%	33,3%

Aus der Verteilung ist erkennbar, dass sich die Motivation in der Gruppe von Schüler*innen, die in besonderem Maße Selbstständigkeit während der Stunde erlebt haben, im Vergleich zur Gesamtheit der Schüler*innen, noch etwas stärker verbessert hat. Auch an dieser Stelle sollte wieder erwähnt werden, dass statistische Zufälle und unwahrscheinliche Ereignisse, sowie Fehler in der Auswertung das Bild aufgrund der geringen Zahl der Befragten schnell verzerren können. Unter einem gewissen Vorbehalt, kann der Statistik jedoch entnommen werden, dass selbstständiges Arbeiten im Zusammenhang mit berufsorientiertem Unterricht einen wichtigen Beitrag zur Verbesserung der Motivation leistet.

Die Hypothese H3 lautet „Berufspraxisorientierter Unterricht hilft Schüler*innen zu verstehen, dass Mathematik in bedeutsamen Ausmaß Folgen für das Berufsleben hat - durch die gestärkte Ergebnis-Folge-Erwartung zeigen die Schüler*innen motiviertes Verhalten". Es wird wie bei den Hypothesen H1 und H2 verfahren: Die Grundmenge der betrachteten Schüler*innen wird auf diejenigen Schüler*innen reduziert, die angegeben haben, die Rolle von Mathematik in der Berufswelt infolge der Stunde besser einordnen zu können, und die angegeben haben, dass sie Mathematik für beruflich relevanter halten als vorher.

Konkret wird davon ausgegangen, dass sich die Ergebnis-Folge-Erwartung bezüglich des Nutzens mathematischer Kenntnisse für das Berufsleben dann verbessert, wenn zwei Kriterien zutreffen. Die Einstufung erfolgt dann, wenn der Mittelwert der Antworten auf die Fragen 2.2 (Authentizität des Berufsbezugs der Aufgaben in der Stunde) und 2.3 (Häufigkeit derartiger Aufgaben im Berufsalltag) größer (diff. > 0,3) ist, als der Wert der Antwort auf Frage 1.12 (Berufsrelevanz von Mathematik) **und** zusätzlich Frage 2.12 (Rolle von Mathematik in der Berufswelt) positiv (> 0,3) beantwortet wurde. Für die angepasste Grundmenge wird das Formelzeichen „N^3" verwendet.

Tabelle 5: Motivationsentwicklung der Gruppe N^3

	Motivation stark verschlech-tert	Motivation leicht verschlech-tert	Motivation nahezu unverändert	Motivation leicht verbessert	Motivation stark verbessert
Differenz	< -0,6	[-0,6; -0,2)	[-0,2; 0,2]	(0,2; 0,6]	> 0,6
Anzahl der Schüler *innen (N^3)	0	1	1	4	3
Anteil der Schüler* innen (N^3)	0%	11,1%	11,1%	44,4%	33,3%
Anteil der Schüler* innen (N^0)	3,3%	10%	20%	33,3%	33,3%

An der Tabelle ist erkennbar, dass die Motivationsveränderung unter den Schüler*innen mit (laut den eben beschriebenen Kriterien) gesteigerter Ergebnis-Folge-Erwartung sehr ähnlich verteilt ist, wie unter der Gesamtheit der Befragten. Die Motivation hat sich bezogen auf die Gesamtheit (N^0) deutlich verbessert – ebendies ist auch bei den Schüler*innen mit gestärkter Ergebnis-Folge-Erwartung der Fall. Die Ergebnisse liefern jedoch keinen Grund zur Annahme, dass sich die gesteigerte Folge-Ergebnis-Erwartung der Hauptgrund für die Verbesserung der Motivation ist. Auch hier muss allerdings beachtet werden, dass die Aussagekraft des Ergebnisses durch einige Einflussfaktoren geschwächt wird. Das Ergebnis würde beispielsweise anders ausfallen, wenn andere Kriterien angewandt würden, um einer Schüler*in eine gesteigerte Ergebnis-Folge-Erwartung zuzuschreiben.

Bezüglich der Hypothese H4, die besagt, dass die Schüler*innen motiviertes Verhalten zeigen, weil die Auseinandersetzung mit Berufen einen Eigenanreiz darstellt, ist es schwer zu erfassen, für welche Schüler*innen ein solcher Eigenanreiz besteht. Dies liegt zum einen daran, dass es schwierig ist, eine Unterrichtssituation zu erschaffen, in der ein Eigenanreiz zur Auseinandersetzung mit Berufen tatsächlich zum Tragen kommen kann, ohne durch andere Effekte überlagert zu werden. Für die Schüler*innen ist es dann zum anderen entsprechend schwer, sich ihrer eigenen Positionierung bezüglich des Eigenanreizes bewusst zu werden. Noch schwerer ist es, diese Positionierung mit einem Fragebogen zu erfassen. Im Folgenden wird davon ausgegangen, dass die Beschäftigung mit den mathematischen Anforderungen eines Berufes für eine Schüler*in einen Eigenanreiz darstellt, wenn folgende Kriterien erfüllt sind: Die Schüler*in hat angegeben, dass sie mindestens ein Beruf interessiert hat (>0,3 bei der Antwort auf Frage 2.1) **und** der Schüler*in hat die Unterrichtsstunde insgesamt gut gefallen (>0,3 bei der Antwort auf Frage 2.5). Für die eingeschränkte Grundmenge wird die Bezeichnung „N^4" verwendet.

Tabelle 6: Motivationsentwicklung der Gruppe N^4

	Motivation stark verschlech-tert	Motivation leicht verschlech-tert	Motivation nahezu unverändert	Motivation leicht verbessert	Motivation stark verbessert
Differenz	< -0,6	[-0,6; -0,2)	[-0,2; 0,2]	(0,2; 0,6]	> 0,6
Anzahl der Schüler *innen (N^4)	1	2	1	5	3
Anteil der Schüler* innen (N^4)	8,3%	16,7%	8,3%	41,7%	25%
Anteil der Schüler* innen (N^0)	3,3%	10%	20%	33,3%	33,3%

Anhand der Verteilung in Tabelle 6 lässt sich kein besonderer Zusammenhang zwischen dem Anreiz der eigentlichen Berufe und der Entwicklung der Motivation feststellen. Wenn überhaupt ist der Zusammenhang sogar leicht negativ – also die Schüler*innen mit dem meisten Interesse an den vorgestellten Berufen waren bemessen an der Allgemeinheit sogar leicht weniger motiviert. Tatsächlich haben einige der Schüler*innen mit dem stärksten Motivationszuwachs angegeben, dass sie die vorgestellten Berufe kaum bis gar nicht interessieren. Wie bei allen bisher ausgewerteten Zusammenhängen muss das Ergebnis natürlich im Kontext der Teilnehmerzahl, Störfaktoren etc. betrachtet werden, jedoch suggeriert das Ergebnis eine interessante Erkenntnis. Wenn die vorgestellten Berufe für die Motivation der Schüler*innen tatsächlich eine eher untergeordnete Rolle spielen, hätte dies interessante Implikationen. Mögliche Folgerungen und anknüpfende Untersuchungen werden in Abschnitt 9.2 diskutiert.

8.2 Weitere Ergebnisse

Die Fragen ermöglichen es noch, zu untersuchen, ob bei anderen Schüler*innengruppen besondere Auffälligkeiten bezüglich der Motivation aufgetreten sind. Es soll zunächst die Gruppe der leistungsstarken Schüler*innen und die der leistungsschwachen Schüler*innen untersucht werden. Die Einstufung erfolgt auf Grundlage der Frage 1.3 (Einschätzung der eigenen Leistung). Schüler*innen, die einen Wert über 0,3 angaben werden als leistungs-stark (N^5), und Schüler*innen, die einen Wert unter -0,3 angaben werden als leistungs-schwach (N^6) eingestuft.

Tabelle 7: Motivationsentwicklung der Gruppen N^5 und N^6

	Motivation stark verschlech-tert	Motivation leicht verschlech-tert	Motivation nahezu unverändert	Motivation leicht verbessert	Motivation stark verbessert
Differenz	< -0,6	[-0,6; -0,2)	[-0,2; 0,2]	(0,2; 0,6]	> 0,6
Anzahl der Schüler *innen (N^5)	0	1	2	1	5
Anteil der Schüler* innen (N^5)	0%	11,1%	22,2%	11,1%	55,6%
Anzahl der Schüler *innen (N^6)	0	1	1	1	1
Anteil der Schüler* innen (N^6)	0%	25%	25%	25%	25%
Anteil der Schüler* innen (N^0)	3,3%	10%	20%	33,3%	33,3%

Da sich nicht viele Schüler*innen als leistungsschwach einordneten, können aus dem Vergleich nicht viele verlässliche Informationen gewonnen werden. Es deutet sich jedoch an, dass sich die Motivation bei leistungsstarken Schüler*innen eher verbessert hat, als bei Leistungsschwachen. Womöglich ist das Arbeitsmaterial für leistungsstarke Schüler*innen leichter zugänglich.

Analog sollen noch die Gruppe der Schüler*innen mit grundlegendem Interesse an Mathematik (N^7) und die Gruppe der Schüler*innen, die besonders extrinsisch motiviert sind (N^8), betrachtet werden. Einer Schüler*in wird ein Interesse an Mathematik zugeschrieben, wenn mindestens zwei der Fragen 1.1 (Mathematik als Freizeitbeschäf-tigung), 1.2 (Zeit im Unterricht vergeht wie im Flug) und 1.8 (Neugier im Mathematik-unterricht) positiv (>0,3) beantwortet wurden. Eine Schüler*in gilt als extrinsisch motiviert, wenn mindestens eine der Fragen 1.9 (Betriebe achten auf Mathenoten) oder 1.10 (Umfeld erwartet gute Mathenoten) positiv (>0,3) beantwortet wurden.

Tabelle 8: Motivationsentwicklung der Gruppen N^7 und N^8

	Motivation stark verschlech- tert	Motivation leicht verschlech- tert	Motivation nahezu unverändert	Motivation leicht verbessert	Motivation stark verbessert
Differenz	< -0,6	[-0,6; -0,2)	[-0,2; 0,2]	(0,2; 0,6]	> 0,6
Anzahl der Schüler *innen (N^7)	0	2	2	1	2
Anteil der Schüler* innen (N^7)	0%	28,6%	28,6%	14,3%	28,6%
Anzahl der Schüler *innen (N^8)	1	1	6	4	8
Anteil der Schüler* innen (N^8)	5%	5%	30%	20%	40%
Anteil der Schüler* innen (N^0)	3,3%	10%	20%	33,3%	33,3%

Die Ergebnisse sind eher unauffällig und lassen keine besonderen Schlussfolgerungen zu.

Im Rahmen der Frage 2.14 sollten die Schüler*innen angeben, mit welchen Aufgaben/Themen/Inhalten sie während der Stunde Schwierigkeiten hatten, und ob Aufarbeitungsbedarf besteht. Die Ergebnisse sind in der folgenden Tabelle kategorisiert dargestellt:

Tabelle 9: Auswertung Frage 2.14

Antwort	Häufigkeit der Antwort
Keine Probleme	13
Flächenberechnung (insb. Kreis)	4
Teilweise Probleme, aber nicht näher spezifiziert	4
Probleme der Form „Wie viel passt in …?"	3
Prozentrechnung	2
Text-/Aufgabenverständnis	2
Kreisdiagramm	1
Koordinatensystem	1
Frage nicht beantwortet	1

Auffällig ist zunächst, dass keine Schüler*in den *Dreisatz* als Problemthema angegeben hat, obwohl die Unternehmensbefragungen des IW Köln (Kapitel 2.3.2) gerade den *Dreisatz* als ein Hauptdefizit vieler Auszubildenden identifiziert haben.[120] Auch das Thema *Prozentrechnung* wurde nicht so oft genannt, wie die bisherigen Betrachtungen hätten vermuten lassen. Unter Umständen lassen sich Schüler*innen durch berufs-

---

[120] Vgl. Klein; Et al., 2013, S. 5

praxisorientierten Unterricht schrittweise an die praktische Anwendung von Mathematik heranführen, sodass diese später auch im Beruf gelingt.

Zuletzt soll noch Frage 1.14 ausgewertet werden, bei der die Schüler*innen angeben sollten, was ihrer Meinung nach gerechtfertigte Gründe sind, aus denen ein Fach in der Schule unterrichtet werden sollte. Die Ergebnisse sind kategorisiert in der folgenden Tabelle dargestellt.

Tabelle 10: Auswertung Frage 1.14

Antwort[121]	Häufigkeit der Antwort
Das Fach muss für den Beruf wichtig sein	19
Das Fach muss für das Privatleben wichtig sein	17
In dem Fach soll Allgemeinwissen vermittelt werden	3
Andere Gründe	3
Nicht beantwortet	2
Man muss in dem Fach wichtige Dinge lernen	2

Hier ist auffällig, dass der Verweis auf den Nutzen für den Beruf die häufigste Antwort war. Dies war jedoch zu erwarten, schließlich wussten die Schüler*innen schon über Sinn und Zweck des Projekts Bescheid als die Fragebögen ausgefüllt wurden, und waren somit voreingenommen. Dennoch zeigt sich, dass Berufsrelevanz für viele Schüler*innen ein guter Grund zu sein scheint, sich mit einem Schulfach zu beschäftigen. Interessant ist noch, dass keine einzige Schüler*in angegeben hat, ein Fach solle Spaß machen, oder interessant/ aufregend oder dergleichen sein.

---

[121] Anmerkung: Viele Schüler*innen antworteten sinngemäß, dass ein Fach für das spätere Leben wichtig sein müsse. In diesen Fällen wurde die Antwort den Kategorien Beruf **und** Privatleben zugeordnet.

9. Schlussbetrachtung

9.1 Zusammenfassung der Befunde

Hat Berufspraxisorientierung die Motivation der Schüler*innen verbessert? Es steht fest, dass der Unterricht sehr stark berufspraxisorientiert gestaltet wurde und dass viele Schüler*innen in besonderem Ausmaß motiviertes Verhalten gezeigt haben. Eine absolute Antwort kann auf Grundlage der Untersuchungsergebnisse nicht getroffen werden. Da die Wirkung eines einzelnen Aspekts einer Unterrichtsstunde in einer realen Unterrichtssituation nie isoliert untersucht werden kann, können über den Beitrag einzelner Faktoren zum Gesamtergebnis lediglich Vermutungen aufgestellt werden. Es ist sehr gut möglich, dass die Rückmeldungen deutlich gemischter ausgefallen wären, hätte die Lerngruppe beispielsweise Schwierigkeiten mit der Methode der Stationsarbeit oder anderen Aspekten der Stunde gehabt. Da die Rückmeldung der Schüler*innen, sowie die Untersuchungsergebnisse überwältigend positiv ausfielen, ist die Annahme jedoch berechtigt, dass dies hauptsächlich auf den Aspekt der Unterrichtsstunde zurückzuführen ist, der im Vergleich zum Regelmathematikunterricht auch in besonderem Ausmaß fokussiert wurde – die Berufspraxisorientierung.

Bezüglich der kognitiven Mechanismen, die zu einer Verbesserung der Motivation führen könnten, wurden vier plausible Hypothesen aufgestellt, von denen zwei vor dem Hintergrund der Untersuchungsergebnisse an Glaubwürdigkeit gewannen. Die Untersuchungsergebnisse legen nahe, dass vor allem Schüler*innen mit einem ausgeprägten Lebenszweckmotiv, sowie Schüler*innen mit einem ausgeprägten Selbstverwirklichungsmotiv durch berufsorientierten Unterricht in besonderem Ausmaß erreicht werden können. Bei der Untersuchung wurden 21 der 30 Schüler*innen, die in vollem Umfang an der Befragung teilnahmen, in mindestens einer dieser beiden Kategorien (Lebenszweck und Selbstständigkeit) eingeordnet. Bei etwa 81% dieser 21 Schüler*innen wurde anhand der Befragungsergebnisse auf eine deutlich verbesserte Motivation geschlossen – unter den gesamten 30 Schüler*innen sind es etwa 67%. Die Ergebnisse suggerieren, dass hier großes Potential besteht, mehr Schüler*innen für den Mathematikunterricht zu motivieren.

Über die Hypothese, dass sich die Motivation in Folge einer gesteigerten Ergebnis-Folge-Erwartung verbessert, konnte angesichts der Ergebnisse keine wirkliche Aussage getroffen werden. Die Motivationsverbesserung dieser Schüler*innengruppe ist im Vergleich zur Allgemeinheit nicht signifikant besser oder schlechter ausgefallen.

Die Hypothese, dass die Schüler*innen motivierter sein würden, weil die Beschäftigung mit den verschiedenen Berufen für sie einen Eigenanreiz darstellt, hat sich angesichts der Ergebnisse nicht bewahrheitet. Fast die Hälfte der befragten Schüler*innen gab an, sich eher nicht für die vorgestellten Berufe zu interessieren, oder nahm eine gleichgültige Haltung ein. Bei diesen Schüler*innen war jedoch nicht zwangsläufig ein geringeres Interesse an der Stunde insgesamt erkennbar. Unter der Gruppe der Schüler*innen, die sich besonders für die vorgestellten Berufe interessierten, war das Interesse an der Stunde außerdem nicht zwangsläufig höher.

9.2 Weiterführende Studien

Die Ergebnisse der Untersuchung sind meiner Meinung nach auffällig genug, um weiterführende Forschung zu rechtfertigen. In weiterführenden Studien würde es sich lohnen zu untersuchen, welchen Einflussfaktoren die Motivationsverbesserung durch Berufspraxisorientierung unterliegt. Der Einfluss bestimmter Methoden, Medien, Sozialformen oder der Grad an Präsenz, den die Lehrkraft während des Unterrichts zeigt, sind diesbezüglich interessante Aspekte. Des Weiteren wäre es wichtig zu untersuchen, wie oft und wie intensiv Berufsorientierung in den Unterricht integriert werden muss, um den maximalen Nutzen zu erhalten – ist der Effekt besser bei regelmäßiger Integration in die regulären Mathematikstunden oder eher im Rahmen unabhängiger Projekttage? Die Antworten auf Frage 2.13 lassen vermuten, dass sich die Schüler*innen eine regelmäßige Einbindung berufsbezogener Elemente in den Unterricht wünschen:

Abbildung 40: Auswertung Frage 2.13

Ob der Einsatz von Berufspraxisorientierung zum Einstieg, zur Erarbeitungsphase, oder zum Ende einer **Unterrichtsstunde** am effektivsten ist, und ob sich Berufspraxis-orientierung eher am Anfang, in der Mitte oder am Ende einer **Unterrichtsreihe** einsetzen lässt, sind ebenfalls interessante Ansatzpunkte für weitere Forschung.

Bei der Miteinbindung von Berufsbezügen in den Unterricht spielt es eine wichtige Rolle, inwieweit sich zu dem aktuell im Regelunterricht behandelten Thema überhaupt Berufsbezüge finden lassen. Es muss also ermittelt werden, welcher Kompromiss aus inhaltlicher Orientierung am Lehrplan und freier bzw. realistischer Gestaltung berufsbezogener Anwendungen am effektivsten ist. Aus den Ergebnissen der Befragungen zur Unterrichtsstunde ging beispielsweise hervor, dass einige Schüler*innen der Meinung waren, die Stunde habe sie eher nicht bei der Vorbereitung auf die ZAP unterstützt, was das eigentliche Ziel des ZAP-Kurses ist.

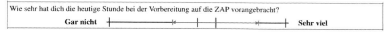

Abbildung 41: Auswertung Frage 2.11

Wäre bei der Planung der Stunde die Nähe zum Curriculum höher gewichtet worden, hätte die Stunde womöglich bezüglich dieses Aspekts verbessert werden können. Vielleicht hätte wiederum die Authentizität der Aufgaben darunter gelitten. Auch bezüglich der beiden Hypothesen, die angesichts der Untersuchungsergebnisse nicht bekräftigt werden konnten, stellen sich einige interessante weiterführende Fragen. Die Hypothese, dass Berufspraxisorientierung durch Stärkung der Ergebnis-Folge-Erwartung zu mehr Motivation führt, sollte beispielsweise nicht vorschnell verworfen werden. Womöglich wurde dieser Zugang in der Unterrichtsstunde nicht ausreichend berücksichtigt. Eine Möglichkeit, die Ergebnis-Folge-Erwartung noch mehr zu stärken, wäre Betriebe in die Projektarbeit miteinzubinden. Eine Betriebsbesichtigung oder ein Praktikumstag könnte den Schüler*innen die Rolle von Mathematik in den Berufen auf eine Art und Weise aufzeigen, wie es Aufgaben mit Stift und Papier in der Schule nicht können.

Da die Hypothese, dass der Eigenanreiz der Berufe zur Motivationssteigerung führt, nicht bestätigt werden konnte, bietet es sich an, die gegenteilige Hypothese zu prüfen. Sollte sich empirisch tatsächlich nachweisen lassen, dass das Berufsfeld selbst eine untergeordnete Rolle für die Motivationsförderung spielt, wäre dies evtl. ein großer Vorteil. Eine Sorge während der Unterrichtsplanung bestand beispielsweise darin, dass das Angebot an Berufen nicht für alle Schüler*innen ansprechend sei. Dementsprechend wurde in Erwägung gezogen, noch mehr Berufe vorzustellen, was den Arbeitsaufwand enorm erhöht hätte. Untersuchungen in diese Richtung können potenziell Aufschluss über die praktikable Umsetzung von Berufspraxisorientierung im Unterricht liefern.

9.3 Fazit

Schüler*innen erwerben bis zum Ende ihrer Schullaufbahn wichtige mathematische Kompetenzen und essenzielles mathematisches Wissen. Auf dem Papier ist das deutsche Bildungssystem erfolgreich darin, den Schüler*innen besagte Kenntnisse zu vermitteln. Allerdings scheint ein beträchtlicher Teil der Schüler*innen nicht in der Lage zu sein, die in der Schule erworbenen Kompetenzen im Beruf anzuwenden. Somit muss bei einem großen Teil der Schüler*innen davon ausgegangen werden, dass das Ziel, durch die Vermittlung anwendungsfähigen Wissens zur Ausbildungsreife zu befähigen, verfehlt wird. Rein mathematisch ist der Katalog der bis zum Ende der neunten Jahrgangsstufe zu behandelnden Inhalte gut geeignet, um den Übergang in das Berufsleben gut bewältigen zu können, was den durchgeführten Interviews oder den Studien des IW hervorgeht (siehe Kapitel 2.3.2). Es ist beinahe ironisch, dass Schüler*innen Wissen über eine Fülle berufspraktisch relevanter mathematischer Themen anhäufen, aber scheinbar noch das *gewisse etwas* fehlt, das das Wissen tatsächlich nützlich machen würde. Inwiefern Berufspraxisorientierung im Schulunterricht diese Lücke schließen und so die Motivation der Schüler*innen für den Mathematikunterricht verbessern kann, wurde in diesem Buch untersucht.

Aus der Literaturarbeit zum Thema Motivation konnten vier Hypothesen aufgestellt werden, anhand derer die Forschungsfrage beantwortet werden soll. Vermutet wurde, dass Berufspraxisorientierung Schüler*innen mit einem starken Bedürfnis danach, lebenspraktisch relevante Kenntnisse zu erwerben, dazu bringt, Mathematik in einem reizvolleren Licht zu sehen. Gleiches wurde für Schüler*innen angenommen, die Wert darauf legen, sich selbst als leistungsfähig, kompetent und selbstständig zu erleben und für Schüler*innen, die ein grundlegendes Interesse an den angebotenen Berufen haben. Zuletzt sollte überprüft werden, ob Berufspraxisorientierung die Erwartung stärkt, dass Erfolg oder Misserfolg im Mathematikunterricht bedeutende Folgen nach sich ziehen, und sich die Motivation deshalb verbessert. Um diese Hypothesen überprüfen zu können, wurden Fragebögen mit entsprechenden Items entwickelt.

Bei der Planung der Unterrichtsstunde wurde darauf geachtet, nur Inhalte zu behandeln, und Methoden zu nutzen, die die Schüler*innen kennen. Das Arbeitsmaterial für die Unterrichtsstunde zu erstellen, war sehr zeitaufwändig, sowohl was die Recherche bezüglich der Berufsbezüge, als auch das Konzipieren der Aufgaben anbelangt. Abgesehen davon, war der Anspruch, eine möglichst *normale* Unterrichtsstunde zu halten, die beispielsweise in der Festigungsphase einer Unterrichtseinheit eingesetzt werden könnte.

Die Auswertungsergebnisse deuten stark darauf hin, dass Berufspraxisorientierung eine sehr positive Wirkung auf die Motivation der Schüler*innen hat. Die Rückmeldungen der Schüler*innen fielen sehr positiv aus. Die Hypothesen, dass berufspraxisorientierter Unterricht in besonderem Maße das Lebenszweckmotiv und das Selbstverwirklichungs-motiv anspricht, konnten vor dem Hintergrund der Ergebnisse bestärkt werden. Über den Einfluss der Ergebnis-Folge-Erwartung wurde keine eindeutige Aussage getroffen. Die Hypothese, dass das Interesse an den Berufen eine große Rolle spielt, hat sich angesichts der Ergebnisse nicht bewahrheiten können.

Ich sehe die Untersuchung insgesamt als Erfolg. Es konnte selbst mit einer kleinen Bezugsgruppe gezeigt werden, dass Berufspraxisorientierung die Motivation für den Unterricht deutlich verbessern kann. Es konnten sogar schon ersten Hypothesen über die Wirkung bestimmter Einzelaspekte der Unterrichtsstunde nachgegangen werden. Meiner Meinung nach, sollten weitere Untersuchungen der Frage nachgehen, wie die positiven Einflüsse von Berufspraxisorientierung genutzt werden können, um die größtmögliche Motivationssteigerung bei den Schüler*innen zu erzielen, und gleichzeitig das mathematische Wissen der Schüler*innen anwendungsfähiger zu machen. Dass Schüler*innen berufsrelevante mathematische Fertigkeiten erlernen, diese aber nicht anwenden können, ist eine enorme Zeitverschwendung für Lehrkräfte, Schüler*innen, und Betriebe zugleich. Untersuchungen, wie Berufspraxisorientierung am effizientesten in den Unterricht integriert werden kann, könnten dazu führen, dass die Zeit und Energie dieser drei Akteure sinnvoller genutzt werden.

Literaturverzeichnis

Hessisches Kultusministerium (2011). *Bildungsstandards und Inhaltsfelder - Das neue Kerncurriculum für Hessen - Sekundarstufe I – Hauptschule MATHEMATIK*, S. 5, 11-15, 25-31. Wiesbaden

Hopmann, S. T.; Brinek, G.; Retzl, M. (2007). *PISA zufolge PISA – Hält PISA, was es verspricht? -*, S. 31, 82 ff, 127 f, 133 ff, 299 (6. Aufl.). Berlin: Olechowski, R.

OECD (2014). *PISA 2012 Results: What Students Know and Can Do – Student Performance in Mathematics, Reading and Science (Volume 1, Revised edition, February 2014)*, S. 19, 28, 52, 58, 303. OECD Publishing

OECD (2019). *PISA 2019 Results (Volume I): What Students Know and Can Do*, S. 59-60, 212. OECD Publishing: Paris

Rheinberg, F.; Vollmeyer, R. (2012). *Motivation*, S. 15, 60-62, 70, 131-137, 149-154 (8. Aufl.). Stuttgart: Kohlhammer, W.

Sekretariat der Ständigen Konferenz der Kultusminister der Länder in der Bundesrepublik Deutschland (2004). *Bildungsstandards im Fach Mathematik für den Hauptschulabschluss (Jahrgangsstufe 9)*, S. 6-9. München: Luchterhand

Stark (2014). *HAUPTSCHULE 2015 Original-Prüfungsaufgaben und Training – Mathematik Hessen 2009-2014*, S. M 2012 4-8. Pearson

Winter, H. (1995). *Mathematikunterricht und Allgemeinbildung*. In *Mitteilungen der Gesellschaft für Didaktik der Mathematik, Ausgabe Nr. 61*, S. 37–46

Zech, F. (2002). *Grundkurs Mathematikdidaktik – Theoretische und praktische Anleitungen für das Lehren und Lernen von Mathematik*, S. 186-207 (10. Aufl.). Weinheim und Basel: Beltz Verlag.

Quellenverzeichnis

Artelt, C.; Baumert, J.; Julius-McElvany, N.; Peschar, J. (2003). LEARNERS FOR LIFE - STUDENT APPROACHES TO LEARNING - RESULTS FROM PISA 2000, S. 70. OECD. https://www.oecd.org/education/school/programmeforinternational studentassessmentpisa/33690476.pdf [letzter Abruf: 16.02.2022]

Geuther, A. (2020). Fachdidaktische Aspekte des Chemieunterrichts. Justus-Liebig-Universität Gießen. https://www.uni-giessen.de/fbz/fb08/Inst/chemiedidaktik/Lehre/arbmat_o/ch-lehramt/fd_2020-04-16 [letzter Abruf: 17.02.2022]

Heinrich-Böll-Schule (2016). Schulprogramm. http://www.igs-heinrich-boell.de/downloads/schulprogramm-hbs.pdf [letzter Abruf: 17.02.2022]

Heinrich-Böll-Schule (o. J.). Die Intensivklasse. http://www.igs-heinrich-boell.de/ueberuns/die-intensivklasse/index.php [letzter Abruf: 17.02.2022]

IG Metall (o. J.). Wirtschaftsforschungsinstitut der Arbeitgeber – Institut der deutschen Wirtschaft. https://www.igmetall.de/politik-und-gesellschaft/institut-der-deutschen-wirtschaft [letzter Abruf: 16.02.2022]

INSM Initiative Neue Soziale Marktwirtschaft GmbH (o. J.). FAQ Alles über die INSM – Macht die INSM Lobbyarbeit?. https://www.insm.de/insm/ueber-die-insm/faq [letzter Abruf: 16.02.2022]

Institut der deutschen Wirtschaft Köln e.V. (o. J.). Die Mitglieder des Instituts der deutschen Wirtschaft Köln e. V.. IW connect. https://www.iwconnect.de/fileadmin/Geschaeftsbericht/user_upload/IW-GB_19-20_IW-Mitglieder_191231.pdf [letzter Abruf: 16.02.2022]

Institut der deutschen Wirtschaft Köln e.V. (o. J.). Institut der deutschen Wirtschaft. https://www.iwkoeln.de/institut.html [letzter Abruf: 16.02.2022]

Institut zur Qualitätsentwicklung im Bildungswesen Humboldt-Universität zu Berlin (o. J.). Bildungsstandards. https://www.iqb.hu-berlin.de/bista [letzter Abruf: 15.02.2022]

Klein, H. E.; Schöpper-Grabe, S. (2013). Was ist Grundbildung? Schulische Anforderungen an die Ausbildungsreife. In bwp@ Spezial 6 – Hochschultage Berufliche Bildung 2013, Fachtagung 18. Hrsg. v. EFING, C., 1-19. http://www.bwpat.de/ht2013/ft18/klein_schoepper-grabe_ft18-ht2013.pdf [letzter Abruf: 15.02.2022]

Rupprecht, A. (2014). Bundestagsdebatte vom 16.01.2014. Deutscher Bundestag, 03:17-03:45. https://www.bundestag.de/webarchiv/textarchiv/2014/48571719_kw03_de_pisa-214902 [letzter Abruf: 15.02.2022]

Sekretariat der Ständigen Konferenz der Kultusminister der Länder in der Bundesrepublik Deutschland (2000). "Aufgaben von Lehrerinnen und Lehrern heute - Fachleute für das Lernen", S. 2-3. https://www.kmk.org/fileadmin/veroeffentlichungen_beschluesse/2000/2000_10_05-Aufgaben-Lehrer.pdf [letzter Abruf: 17.02.2022]

Sekretariat der Ständigen Konferenz der Kultusminister der Länder in der Bundesrepublik Deutschland (o. J.). Unterrichtsfächer. https://www.kmk.org/themen/allgemeinbildende-schulen/unterrichtsfaecher.html [letzter Abruf: 15.02.2022]

Technische Universität München (o. J.a). PISA Deutschland. https://www.pisa.tum.de/pisa/home/ [letzter Abruf: 15.02.2022]

Technische Universität München (o. J.b). PISA 2000 - 2018. https://www.pisa.tum.de/pisa/pisa-2000-2018/ [letzter Abruf: 15.02.2022]

Technische Universität München (o. J.c). PISA 2012: Veröffentlichte Beispielaufgaben aus Feldtest und Hauptstudie (Mathematik) Inkl. Coding Guides, S. 37-38. https://www.pisa.tum.de/fileadmin/w00bgi/www/Beispielaufgaben/PISA_2012_FT_MS_Mathe_KorrekturPM903_final.pdf [letzter Abruf: 15.02.2022]

Hering, R.; Rietenberg, A.; Heinze, A.; Lindmeier, A. (2021). Nutzen Auszubildende bei der Bearbeitung berufsfeldbezogener Mathematikaufgaben ihr Wissen aus der Schule? Eine qualitative Untersuchung mit angehenden Industriekaufleuten. In J Math Didakt 42, 459–490 (2021). https://doi.org/10.1007/s13138-021-00181-8 [letzter Abruf: 16.02.2021]

Abbildungsverzeichnis

Tabellenverzeichnis

Anhang

Anhang 1: PISA-Aufgabe „Bergsteigen am Mount Fuji" (2012)

BERGSTEIGEN AM MOUNT FUJI

Der Mount Fuji ist ein berühmter schlafender Vulkan in Japan.

Frage 1: BERGSTEIGEN AM MOUNT FUJI PM942Q01

Der Mount Fuji ist für die Öffentlichkeit jedes Jahr nur vom 1. Juli bis 27. August zur Besteigung freigegeben. Ungefähr 200.000 Menschen besteigen den Mount Fuji während dieser Zeit.

Wie viele Menschen besteigen den Mount Fuji durchschnittlich pro Tag?

A 340

B 710

C 3400

D 7100

E 7400

Frage 2: BERGSTEIGEN AM MOUNT FUJI PM942Q02 – 0 1 9

Der Gotemba-Wanderweg auf den Mount Fuji hinauf ist ungefähr 9 Kilometer (km) lang.

Die Wanderer müssen von der 18 km langen Wanderung bis 20:00 Uhr zurück sein.

Toshi schätzt, dass er den Berg mit durchschnittlich 1,5 Kilometern pro Stunde hinaufsteigen kann und mit der doppelten Geschwindigkeit absteigen kann. Diese Geschwindigkeiten berücksichtigen Essens- und Ruhepausen.

Wenn man Toshis geschätzte Geschwindigkeiten zu Grunde legt: Wann muss er seine Wanderung spätestens beginnen, damit er bis 20:00 Uhr zurück ist?

....

Frage 3: BERGSTEIGEN AM MOUNT FUJI PM942Q03 – 0 1 2 9

Toshi trug einen Schrittzähler, um seine Schritte während der Wanderung auf dem GotembaWeg zu zählen.

Sein Schrittzähler zeigt an, dass er auf dem Weg nach oben 22.500 Schritte gemacht hat.

Schätze Toshis durchschnittliche Schrittlänge während seiner Wanderung auf dem 9 km langen Gotemba-Weg nach oben. Gib deine Antwort in Zentimetern (cm) an.

Antwort: .... cm

Abbildung 42: PISA-Aufgabe "Bergsteigen am Mount Fuji"[122]

---

[122] Entnommen: Technische Universität München, o. J.c, S. 37-39 [letzter Abruf: 15.02.2022]

Anhang 2: Wahlaufgabe „W3" – Hauptschulabschlussprüfung 2012

W3. Lies den folgenden Text und die fünf Aufgaben (a, b, c, d, e) aufmerksam durch.
Bevor du rechnest, darfst du wichtige Angaben zur Bearbeitung der jeweiligen
Aufgabe markieren.

Der Messeturm (siehe Bild) ist ein bekannter Wolken-
kratzer in Frankfurt am Main. Er hat 65 Stockwerke
und eine Höhe von 257 m. Im Jahr 1991 war er das
höchste Bürogebäude in Europa.
Im Jahr 1997 wurde der Frankfurter Commerzbank-
Tower fertiggestellt. Dieser ist 2 m höher als der
Messeturm.
Vor dem Messeturm steht die 23 m hohe und 32 t
schwere, bewegliche Skulptur *Hammering Man*,
die einen Arbeiter darstellt. Der *Hammering Man*
hämmert ohne Pause zweimal in der Minute.

a) Wie schwer ist der *Hammering Man*?   1
   Finde die Antwort im Text und schreibe sie auf dein Reinschriftpapier.

b) Berechne, wie oft der *Hammering Man* **vollständig** der Länge nach in die Höhe   2
   des Messeturmes passt.

c) Gib an, um wie viel Prozent der Commerzbank-Tower höher als der Messeturm   2
   ist. Runde auf zehntel Prozent.

d) Berechne die durchschnittliche Höhe eines Stockwerkes des Messeturmes.   1
   Runde auf Zentimeter.

e) Berechne, wie oft der *Hammering Man* in einem Jahr hämmert.   2

Abbildung 43: Wahlaufgabe "W3"[123]

[123] Entnommen: Stark, 2014, S. M 2012 7-8

Metallbau

Projekt 3: Blechverarbeitung

Bei diesem Projekt geht es darum, die Herstellung gewinkelter Bleche zu planen. Metallbaubetriebe werden oft beauftragt, solche Kleinteile zur Weiterverarbeitung herzustellen.

Als erstes werden aus einem großen Blech kleinere Bleche mit den passenden Maße ausgeschnitten.

Die kleinen Bleche werden anschließend gekantet (im 90° Winkel gebogen) und so entsteht das fertige Produkt.

Das fertige Werkstück soll folgende Maße haben:

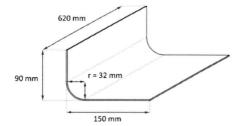

Aufgabe 1

a)   Das fertige Werkstück entsteht dadurch, dass man ein rechteckiges Blech im 90° Winkel biegt. Wie breit muss das rechteckige Blech sein? Berechne x.

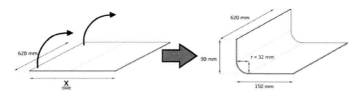

Hilfe Verfügbar!

b)   Welchen Flächeninhalt hat das rechteckige Blech?

Aufgabe 2

Die rechteckigen Bleche müssen 620 mm lang und 226 mm breit sein (kontrolliert euer Ergebnis von Aufgabe 1!).

a)   Im Lager sind Bleche mit den Maßen 3000 mm mal 1500 mm vorhanden. Wie viele kleine Bleche kann man aus dem großen Blech ausschneiden? Denkt daran, dass man die kleinen Blech auf zwei unterschiedliche Arten anordnen kann!

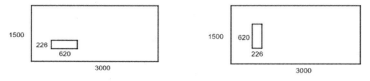

(Alle Maße in mm!)

Hilfe Verfügbar!

b)   Wie groß ist die Fläche an Blech, die weggeworfen wird (Verschnitt)? Wie viel Prozent des ganzen Blechs sind das?

Hilfe Verfügbar!

c)   Ein Großkunde bestellt 145 Stück der von euch hergestellten Winkelbleche. Wie viele Blechplatten (3000 x 1500) muss man dafür verarbeiten?

Metallbau

Projekt 3: Blechverarbeitung

Hilfestellungen

Aufgabe 1

Um x zu berechnen, muss man die rote, grüne und blaue Teilstrecke berechnen.

Rot und blau sind recht einfach. Dafür muss man nur

90 mm − r = rot
150 mm − r = blau

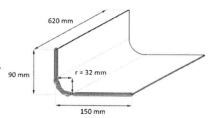

rechnen.

Um grün zu bekommen, muss man den Umfang eines Kreises mit Radius r = 32 mm berechnen (u = 2 · π · r). Anschließend teilt man den Umfang durch 4, denn die grüne Strecke ist ja nur ein Viertel Kreis.

Aufgabe 2

a) Sehen wir uns zuerst die Variante an, bei der die kleinen Bleche quer angeordnet werden. Jetzt müsst ihr euch die Frage stellen:

   Wie oft passen 226 mm in 1500 mm und wie oft passen 620 mm und 3000 mm?

b) Um auszurechnen, welche Fläche des großen Bleches weggeworfen wird, müsst ihr von der Gesamtfläche (3000 mm · 1500 mm) die Fläche der kleinen Bleche abziehen. Ein kleines Blech hat die Fläche (226 mm · 620 mm). Wenn 30 kleine Bleche darauf passen, rechnet ihr also:
   3000 mm · 1500 mm − 30 · 226 mm · 620 mm

   Wie viel Prozent das sind, kann man relativ leicht mit dem Dreisatz ausrechnen.

Metallbau

Projekt 3: Blechverarbeitung

Aufgabe 1

a) 90 mm − 32 mm = 58 mm
    150 mm − 32 mm = 118 mm
    ¼ · 2 · π · 32 mm ≈ 50 mm

    x = 58 mm + 118 mm + 50 mm = 226 mm

b) A = 226 mm · 620 mm = 140120 mm²

Aufgabe 2

a)

2 · 13 = 26

6 · 4 = 24

Die aller meisten Bleche bekommt man jedoch bei folgender Anordnung:

2 · 13 + 4 = 30

b)   Hier kommt es bei der Lösung darauf an, ob man bei a) auf 26 oder auf 30
       gekommen ist.

       Bei 26 ist beträgt die weggeworfene Fläche:

       3000 mm · 1500 mm − 26 · 140120 mm² = 856880 mm²

       Das entspricht ca. 19 %.

       Bei 30 ist beträgt die weggeworfene Fläche:

       3000 mm · 1500 mm − 30 · 140120 mm² = 296400 mm²

       Das entspricht ca. 6,6 %.

c)   Hier kommt es bei der Lösung darauf an, ob man bei a) auf 26 oder auf 30
       gekommen ist.

       145 : 26 = 5,57...   Das heißt, man braucht mindestens 6 Blechplatten.

       oder

       145 : 30 = 4,83...   Das heißt, man braucht mindestens 5 Blechplatten.